MW01611049

« Les dirigeants d'Ég[...]
ront dans ce petit livr[...]
ments qui les aideront non seulement à encadrer les chrétiens
d'aujourd'hui dans leur quête de liberté personnelle, mais aussi
à éliminer leurs appréhensions concernant l'adhésion à une
Église, l'autorité pastorale et la responsabilisation. »

TIM KELLER, pasteur principal, Redeemer Presbyterian
Church, New York

« Bref, inédit, divertissant et, par-dessus tout, biblique. Voilà l'explication et l'apologie de l'adhésion à l'Église que vous cherchiez. »

MARK DEVER, pasteur principal, Capitol Hill Baptist
Church, Washington, D.C.

« Ouvrage pratique. Convaincant. Fidèle à la Bible. Jonathan
Leeman nous rappelle que l'adhésion à l'Église n'est pas un
choix, mais une exigence. Le livre est percutant et provocateur,
tout en étant imprégné de l'Évangile de la grâce. »

THOMAS SCHREINER, professeur d'interprétation du Nouveau Testament, titulaire de la chaire
James Buchanan Harrison, The Southern Baptist
Theological Seminary

« Nous vivons à une époque où le rapport que les gens entretiennent avec l'Église ressemble à celui qu'ils ont avec un restaurant, en ce sens qu'ils veulent choisir leur "menu". Nous devons
absolument nous réveiller de notre léthargie de consommateurs.

Ce livre est le signal d'alarme nécessaire pour transformer des "consommateurs" d'Églises en participants de l'Évangile. »

DARRIN PATRICK, pasteur principal, The Journey, Saint-Louis, Missouri ; auteur du livre *Implanteur d'Église*

« Je suis reconnaissant pour ce livre bienvenu qui stimulera la réflexion des chrétiens comme des responsables d'Églises sur leur manière de concevoir et de vivre l'Église locale. Reposant sur une lecture strictement congrégationaliste de l'Écriture, écrit avec une verve rafraîchissante, osant aller à contre-courant des idées à la mode, l'ouvrage nourrira le nécessaire débat sur la place de l'Église dans la vie chrétienne. Un petit effort de contextualisation permettra au lecteur francophone de tirer le meilleur de ce livre. »

JACQUES NUSSBAUMER, professeur assistant de théologie systématique, Faculté Libre de Théologie Évangélique (FLTE), Vaux-sur-Seine

« Fréquenter une Église, poursuivre la sanctification en communauté, ne pas "abandonner le rassemblement de nous-mêmes" (Hé 10.25) : voici quelques principes auxquels les chrétiens attachés aux Écritures se soumettent bien volontiers. Mais qu'en est-il de l'adhésion formelle ? La Bible requiert-elle des chrétiens qu'ils deviennent officiellement membres de leur assemblée locale ? Non seulement le présent ouvrage de Jonathan Leeman apporte un regard avisé sur la question, mais il met en évidence l'importance d'une représentation officielle de Jésus aux yeux du monde. Ce petit livre devrait être lu par tous les chrétiens soucieux de manifester la grandeur de Christ et de son œuvre pour l'Église. »

GUILLAUME BOURIN, directeur de l'institut biblique #Transmettre ; fondateur du blog LeBonCombat.fr

« Cet excellent livre de Jonathan Leeman est un ouvrage à la fois bref et facile à lire. L'auteur nous amène à repenser et à approfondir notre compréhension de l'adhésion formelle à l'Église locale. Il nous rappelle que nous sommes appelés à représenter Jésus-Christ au sein de ce monde à travers son corps, c'est-à-dire l'Église. Ce livre est enraciné profondément dans la Parole de Dieu et il présente des structures et des outils utiles pour bâtir des Églises en bonne santé. Nous avons vu plusieurs Églises québécoises bénéficier de ces idées et je suis content de voir l'influence grandissante qu'elles ont autour de nous. Tous les chrétiens devraient prendre le temps de lire ce livre. Je le recommande chaudement. »

FRANÇOIS TURCOTTE, directeur général, Séminaire Baptiste Évangélique du Québec (SEMBEQ), Montréal

ÊTRE MEMBRE D'UNE ÉGLISE LOCALE

ÊTRE MEMBRE D'UNE ÉGLISE LOCALE

L'importance de représenter Jésus aux yeux du monde

JONATHAN LEEMAN

Édition originale en anglais sous le titre :
Church Membership: How the World Knows Who Represents Jesus
© 2012 par Jonathan Leeman.
Publié par Crossway, un ministère de Good News Publishers.
1300 Crescent Street, Wheaton, IL 60187, U.S.A.
Traduit et publié avec permission. Tous droits réservés.

Pour l'édition française :
Être membre d'une Église locale : l'importance de représenter Jésus aux yeux du monde
© 2018 Publications Chrétiennes, Inc.
Publié par Éditions Cruciforme
230, rue Lupien, Trois-Rivières (Québec)
G8T 6W4 – Canada
Site Web : www.editionscruciforme.org
Tous droits de traduction, de reproduction et d'adaptation réservés.

Traduction : Nathalie Surre

ISBN : 978-2-924595-34-3

Dépôt légal – 1er trimestre 2018
Bibliothèque et Archives nationales du Québec
Bibliothèque et Archives Canada

« Éditions Cruciforme » est une marque déposée de
Publications Chrétiennes, Inc.

Sauf mention contraire, les citations bibliques sont tirées de la Nouvelle
Édition de Genève (Segond 1979) de la Société Biblique de Genève.
Les autres versions sont indiquées en toutes lettres, sauf la Bible en
français courant (*BFC*). Avec permission.

Impression n° 20200390 • IMEAF • 26160 La Bégude de Mazenc

Aux anciens membres et aux membres actuels
de la Capitol Hill Baptist Church

TABLE DES MATIÈRES

PRÉFACE DE LA SÉRIE

Pensez-vous qu'il est de votre devoir de contribuer à l'édifica-tion d'une Église en bonne santé ? Si vous êtes chrétien, nous croyons que c'est le cas.

Jésus vous ordonne de faire des disciples (Mt 28.18-20). Jude vous exhorte à vous édifier sur votre très sainte foi (Jud 20,21). Pierre vous appelle à mettre au service des autres le don que vous avez reçu (1 Pi 4.10). Paul vous recommande de professer la vérité dans l'amour pour que votre Église croisse à tous égards (Ép 4.13,15). Suivez-vous notre raisonnement ?

Que vous soyez membre ou dirigeant d'une Église, les livres de la série « Bâtir des Églises en bonne santé » visent à vous aider à accomplir ces ordonnances bibliques et à jouer ainsi votre rôle dans l'édification d'une Église en bonne santé. Autrement dit, nous espérons que ces livres vous aideront à aimer davantage votre Église comme Jésus l'aime.

9Marks envisage de produire un livre concis et accessible sur chacune des caractéristiques que Mark Dever a appelées les *neuf traits essentiels* d'une Église en bonne santé, outre un volume sur la saine doctrine. Ces ouvrages portent sur la pré-dication textuelle, la théologie biblique, l'Évangile, la conver-sion, l'évangélisation, l'adhésion à l'Église locale, la discipline d'Église, la formation de disciples et leur croissance, ainsi que la direction de l'Église.

Les Églises locales existent pour manifester la gloire de Dieu aux nations. Leurs membres y parviennent en fixant les yeux sur l'Évangile de Jésus-Christ, en faisant confiance au Seigneur pour le salut de leur âme et en s'aimant les uns les autres dans la sainteté, l'unité et l'amour de Dieu. Que le Seigneur puisse utiliser ce livre pour vous aider à poursuivre ce but.

Dans l'espérance,

Mark Dever et Jonathan Leeman
Éditeurs de la série

PRÉFACE À L'ÉDITION ORIGINALE

« Ce qui me dérange, ce ne sont pas les parties de la Bible que je ne comprends pas, dit Mark Twain en plaisantant, ce sont les parties que je comprends. » Malheureusement, la remarque de Twain pourrait servir à incriminer bien des chrétiens « qui croient en la Bible », surtout quand il s'agit de passages bibliques touchant aux responsabilités des membres d'Église.

Il suffit de penser à la façon dont la culture occidentale nous influence tous. On raconte que la vedette de cinéma John Wayne aurait souvent dit qu'il aimait Dieu tant que celui-ci ne se trouvait pas sous le toit de l'Église. Des chanteurs ont rendu populaire des chansons telles que « Comme d'habitude » (Claude François) et « À ma manière » (Charles Aznavour). Les publicités en appellent explicitement à notre narcissisme en utilisant des slogans tels que « Faites comme bon vous semble », ou encore « Vous êtes le maître de votre destin ». Si nous nous laissons influencer par ces idées, nous en viendrons inévitablement à rechercher les avantages de l'amitié, du mariage, du travail et, bien entendu, de l'Église, sans vouloir en endosser les responsabilités.

D'une part, les exemples de personnes qui se sont prises en main et qui ont réussi dans la vie par leurs propres moyens nous ont fait douter des institutions. D'autre part, une succession de grands scandales publics, ainsi qu'une politique de ressentiment, une bureaucratie impersonnelle et inefficace, et des promesses non tenues ont ébranlé la confiance du public à l'égard des dirigeants et des institutions. Même des personnes qui ont grandi dans l'Église ont été déçues, meurtries et trompées par des gens qui prétendaient être des bergers de Christ.

Toutefois, ce n'est pas seulement la culture extérieure à l'Église qui est à blâmer. Une grande partie de l'évangélisme a été forgée sur une piété qui oppose une relation personnelle avec Jésus à l'Église visible et à son ministère public. Dans un sens, les évangéliques ont voulu éviter, avec raison, l'engagement nominal et le formalisme. Par la même occasion, cependant, on a eu tendance (surtout depuis le Second Grand réveil du XIXe siècle) à critiquer les fonctions officielles de l'Église et les moyens ordinaires de la grâce, et à leur préférer des leaders charismatiques et des mouvements extraordinaires. La formule « vite et facile » a remplacé « essayé et éprouvé ». La croissance numérique rapide est devenue plus importante que la croissance lente dans la grâce. Résultats pragmatiques et structures non officielles ont été considérés comme les clés de la réussite. En outre, nous sommes nombreux à avoir grandi en entendant l'appel évangélique : « Je ne vous demande pas de devenir membre d'une Église, mais d'accepter Jésus-Christ comme votre Seigneur et Sauveur personnel. »

Il n'est donc pas surprenant qu'après tant de mouvements successifs de ce genre, « être sauvé » n'ait plus grand-chose à voir avec le fait de devenir membre d'une Église. Il existe même aujourd'hui des mouvements évangéliques qui abandonnent complètement le principe de l'adhésion à l'Église locale. On invite simplement les gens à venir... ou pas. Des leaders évangéliques ont salué les « révolutionnaires » qui ont en quelque sorte décidé qu'*être l'Église* signifie *ne pas devenir membre d'une Église*. Ces révolutionnaires ont plutôt choisi de trouver leurs propres ressources spirituelles sur Internet et lors de réunions informelles.

Et voilà que Jonathan Leeman entre en scène. Non seulement il nous rappelle les nombreux passages bibliques que nous avons mis de côté, mais il a aussi l'audace de dire que Christ ne nous appelle pas à devenir membres d'une Église, mais à nous soumettre à l'Église. L'Église n'est pas juste un autre groupe, comme les scouts. C'est une ambassade du royaume de Christ. Or, les rois ne font pas de suggestions, ne vendent pas de produits et ne fournissent pas de ressources que les gens peuvent prendre ou laisser.

Leeman trouve le juste milieu entre l'individualisme sans foi ni loi et l'autoritarisme légaliste ; les chrétiens d'aujourd'hui ont désespérément besoin de l'entendre. Il nous montre que le règne de Christ est le seul antidote à ces extrêmes. Christ règne sur nous pour nous sauver et nous sauve pour régner sur nous. Contrairement aux dirigeants de notre époque, Jésus ne nous demande pas de verser notre sang pour son empire ; en revanche, il a livré sa vie pour son royaume. Puis il a été élevé dans la gloire comme les prémices d'une nouvelle création. À présent, il rassemble, dans son royaume, des cohéritiers qui se réunissent en raison de leur appartenance à Christ. L'Église visible est là où se trouve le royaume de Christ sur terre. Être indifférent à l'égard du royaume, c'est mépriser son Roi.

Certains lecteurs ont besoin d'être convaincus de l'ordre biblique (et de la bénédiction) les enjoignant d'être membres d'une Église. D'autres, déjà convaincus, peuvent se demander comment la théorie se concrétise dans la vie de l'Église. Quels sont les critères d'adhésion et comment le pasteur peut-il faire preuve de jugement tout en demeurant sensible ? Quelles sont les conséquences de l'adhésion, notamment dans les cas où la discipline est nécessaire relativement à la doctrine ou à la vie d'une personne ? Quelles sont les limites ainsi que les responsabilités des serviteurs de Dieu dans l'exercice de leur autorité ministérielle ? Grandes questions… Pourtant, l'auteur ne tourne pas en rond, mais apporte des réponses bibliques à chacune de ces questions pratiques.

Que vous soyez d'accord ou pas avec l'auteur, il vous sera difficile de rejeter ses propos, tant ils sont empreints de sagesse biblique. N'étant pas de confession baptiste, je ne saurais approuver tout ce qu'il a écrit ! Néanmoins, je dis volontiers

« Amen ! » aux principaux arguments avancés en faveur de l'adhésion à une Église locale. Surtout, je savoure, une fois de plus, la bonté du Bon Berger, qui n'a pas seulement racheté ses brebis, mais qui a aussi pourvu à un moyen de les nourrir et de les conduire jusqu'à la fin.

Michael Horton

Professeur de théologie systématique et d'apologétique,
titulaire de la chaire J. Gresham Machen,
Westminster Seminary, Californie

PRÉFACE À L'ÉDITION FRANÇAISE

« Être membre d'une Église locale. » Quoi de plus simple diront certains. Vaut-il vraiment la peine d'y consacrer tout un livre ? N'y a-t-il pas des sujets bien plus brûlants pour le public chrétien ?

Détrompons-nous ! L'un des nombreux points forts de ce petit livre de Jonathan Leeman est qu'il met en évidence l'importance de l'enjeu soulevé par ce sujet. Non, appartenir au corps de Christ dans sa forme locale n'est pas un simple détail de la vie chrétienne. Au contraire, l'Église locale est au cœur des projets de Dieu pour le monde ; elle est au cœur de l'Évangile. Devenir membre d'une telle communauté, au sens biblique, est, pour le chrétien, une démarche essentielle et fondamentale.

Dans le contexte évangélique français (je confesse ici moins bien connaître celui des autres pays francophones), il me semble que la notion de membre d'Église est souvent brouillée par deux manières partiellement faussées de considérer cette réalité. La première est l'approche « procédurière ». Puisque l'État nous impose un statut de membre d'association, il faut bien nous y plier, dira-t-on, et donc nous rendre aux assemblées générales, voter le budget, etc. Voilà, pour certains, à quoi se résume à peu près le statut de membre d'Église. S'il n'y avait cette nécessité juridique, on pourrait se passer sans difficulté d'un statut officiel de membre.

L'autre tendance qui me semble présente dans nos milieux est une conception « sentimentale » du statut de membre d'Église. Être membre d'une Église locale, c'est y être émotionnellement attaché, y avoir vécu des choses importantes. C'est parfois l'Église de notre enfance, ou celle où on s'est converti, et il nous paraît inimaginable que notre nom ne figure pas sur la liste de membres. Si une telle conception domine notre vision de l'appartenance à l'Église, il n'est pas surprenant que l'on reste officiellement membre d'une Église dans laquelle on n'a pas mis les pieds depuis dix ans. On ne sera pas surpris non plus d'apprendre qu'un pasteur considère qu'il est de son devoir de visiter régulièrement des familles historiquement liées à son Église, mais qui n'assistent plus à ses rencontres depuis plusieurs années.

Ces deux approches ne sont certes pas entièrement sans fondement. Oui, la réalité juridique compte, et nous devons nous soumettre aux autorités. Oui, les sentiments comptent, et il est juste et bon de ne pas oublier ceux qui ont franchi les portes de nos Églises, mais qui s'en sont éloignés avec le temps. Toutefois, ces aspects secondaires ne doivent pas obscurcir l'enjeu primordial de l'appartenance à l'Église locale : le fait d'être lié devant Dieu au corps de Christ dans sa forme locale, de se réunir avec lui autour de la Parole et d'être en communion avec ses membres.

À la confusion évoquée plus haut s'ajoute la culture consumériste de notre temps. Dans nos pays occidentaux, on cherche souvent une Église comme un client désirant trouver l'offre la mieux adaptée à sa demande (c'est surtout vrai en milieu urbain). Dans le meilleur des cas, on se posera en premier lieu la question de la fidélité de l'enseignement qui y est apporté ; puis on s'interrogera aussi sur le style de la « louange », sur les activités pour enfants, le type de vie communautaire proposé, et ainsi de suite. On se demandera quelle Église pourra combler le mieux nos désirs et on acceptera de s'engager – selon notre définition de ce qu'est l'engagement – si tout cela nous convient. Et si l'un des aspects de la vie de cette Église devait moins nous convenir, ou si ses responsables, ou simplement des frères et sœurs de l'assemblée, avaient l'étrange idée de veiller un peu trop sur nous ou de commenter trop souvent nos choix de vie, nous aurons vite fait de nous en aller et d'essayer l'Église d'« à côté ». Certains pourraient même décider de se contenter des prédications et des chants de louange qui se trouvent sur Internet !

Mon propos n'est pas de nier l'importance de considérer certains de ces facteurs dans nos choix (style du culte, activités…), ni de contester la valeur d'une sage discrétion dans nos relations fraternelles lorsque cela est nécessaire. Mais, comme le montre admirablement l'auteur à la lumière des données bibliques, l'appartenance à l'Église locale implique bien plus que cela !

Jonathan Leeman rend à nos Églises, à leurs membres comme à leurs responsables, un grand service en clarifiant ce que signifie appartenir à une Église. Il s'appuie fermement sur la Parole de Dieu et aborde le sujet avec conviction, dans un esprit constructif et irénique. Il s'efforce de réhabiliter la conception biblique du statut de membre d'Église : celui d'un homme ou d'une femme qui, s'étant identifié au peuple de Dieu par son baptême, s'engage activement auprès d'une communauté de croyants, reconnaît sa responsabilité envers ses membres et la leur à son égard, examine ses ministères à la lumière de la Bible, et se soumet à l'autorité de ses responsables. Leeman souligne enfin que le rôle de l'Église locale ne se limite pas à ce qu'on appelle la « vie d'Église », mais qu'il s'étend à nos choix de vie en général.

En bref, je ne peux que recommander vigoureusement à tout chrétien la lecture de ce précieux petit livre. Ici ou là, naturellement, je pourrais émettre une petite réserve, ou adapter quelque peu l'application de certains principes à la réalité culturelle et ecclésiale que nous retrouvons en francophonie. Je dois toutefois souligner avec reconnaissance que l'auteur consacre un chapitre entier à la contextualisation des principes qu'il défend (chap. 8). C'est l'une des nombreuses qualités de cet ouvrage : il nous montre que si la forme que l'on donne au statut de membre peut varier selon les contextes et les cultures, son fond biblique, lui, est plus que jamais nécessaire à notre époque où l'on recherche la facilité et la rapidité, et où l'engagement à long terme n'est guère valorisé. N'ayons pas peur de nous de nous lier réellement et durablement les uns aux autres, de nous rendre vulnérables, de nous aimer « en actions et avec vérité » (1 Jn 3.18). À ceci tous connaîtront que nous sommes ses disciples !

Matthieu Sanders

Pasteur, Église évangélique baptiste de Paris-Centre ; chargé de cours à la Faculté Libre de Théologie Évangélique de Vaux-sur-Seine et à l'Institut Biblique de Nogent

INTRODUCTION

Un sujet bien plus critique qu'on ne le pense

Lire un livre portant sur la notion d'adhésion à l'Église locale[1], pour quoi faire ? Je comprends votre raisonnement. On vous a peut-être remis cet ouvrage, et vous vous demandez s'il serait utile à quelcu'un d'autre. Soyons francs, le sujet de l'adhésion à l'Église ne vous passionne pas plus que ça, n'est-ce pas ? On devient chrétien, puis on devient membre de l'Église. C'est tout, non ?

L'adhésion à une Église locale implique parfois de suivre un programme incluant des cours et un entretien privé. Le sujet se complique lorsqu'on y ajoute les questions touchant la sainte cène et le baptême. Au-delà de tout ça, y a-t-il matière à débat ?

La première fois que quelqu'un m'a conseillé de devenir membre de l'Église que je fréquentais, je n'avais pas une forte opinion à ce sujet. J'étais peut-être un peu réticent à cette idée. Je ne m'en souviens plus très bien. Voici ce que je me rappelle : l'adhésion à l'Église me permettait d'accéder à un loyer bon marché dans « la maison des hommes », une propriété appartenant à l'Église et située dans un bon quartier. J'ai donc fait la demande pour devenir membre. Évidemment, je n'ai pas mentionné ma raison aux pasteurs lors de l'entrevue, et ils ne me l'ont pas demandée.

Pourtant, j'accordais peu d'importance à l'adhésion. Qu'une personne adhère ou non à l'Église comptait peu pour moi. Et vous, qu'en pensez-vous ? Est-ce important pour vous ?

Certains disent que l'adhésion à une Église locale est nécessaire, d'autres pensent que c'est facultatif. La majorité des chrétiens se situe quelque part entre les deux, je suppose. Ils ont le vague sentiment que les chrétiens devraient s'engager dans une Église locale, mais ils vous diraient aussi que c'est secondaire et qu'on ne devrait pas en faire tout un plat. Que les chrétiens passent plusieurs années à butiner d'une Église à l'autre, ou qu'ils décident d'en fréquenter une indéfiniment sans en devenir membres, cela ne les dérange pas vraiment.

Si vous appartenez à cette majorité incertaine, ce livre est pour vous. Je ne l'ai *pas* écrit pour la personne qui doute de l'importance d'adhérer à une Église. Si c'est votre cas, cependant, il pourra s'avérer utile également. Je vise le chrétien moyen, le membre d'Église comme le dirigeant, celui qui n'a pas de conviction à ce sujet, ou celui qui ignore si la chose est importante ou pas, mais qui a choisi de devenir membre.

C'est vous qui m'intéressez. Je tiens à répondre à une question que vous ne posez pas, mais que vous devriez poser.

Mon but principal est de vous montrer ce que signifie « *être membre d'une Église locale* », car ce n'est pas ce que vous pensez. Je ne vais pas promouvoir l'adhésion, du moins, pas directement. Je vais vous en présenter une vision. Voici ma prédiction : si vous saisissez la vision biblique de l'adhésion à une Église locale, cela pourrait bien changer la tournure de votre vie chrétienne.

Dans la Bible, l'adhésion à l'Église locale est une réalité évidente. Peut-être n'êtes-vous pas convaincus de cela. Êtes-vous curieux ?

1

UNE MAUVAISE APPROCHE

Imperium. J'ai découvert ce mot latin récemment. Ce n'est pas vraiment un mot à employer lors d'une conversation entre amis autour d'un café, sauf si vous désirez être ridiculisé pour avoir l'air un peu trop intelligent. Je pense néanmoins que c'est un mot utile.

On l'obtient en changeant *impérial* (un mot un peu plus commun) en nom. *Imperium* signifie « pouvoir suprême ou domination absolue » ; il indique qui exerce l'autorité dans une société. Quelle est l'autorité à laquelle doivent répondre toutes les autres autorités ? Qui peut littéralement faire tomber des têtes sans menaces de représailles, parce que cela est compris dans la description de son poste ? Voilà qui exerce *l'imperium*.

César à Rome, ainsi que les rois à l'époque médiévale qui criaient inlassablement : « Coupez-leur la tête ! », jouissait de *l'imperium*. De nos jours, on dirait que l'État exerce *l'imperium*. Il n'y a aucune puissance supérieure à celle de l'État. C'est à l'État qu'incombe la responsabilité ultime de dire ce qui est permis ou non. Seul l'État a le pouvoir du glaive.

Pour démarrer une entreprise ou ouvrir une école, il nous faut l'autorisation de l'État. Il en va de même pour les clubs de foot, les syndicats et les organisations caritatives. Ils existent tous grâce à l'autorisation de l'État, et l'État les réglemente. Ils ne réglementent pas l'État. Ils n'ont pas *l'imperium*.

Qu'en est-il des Églises locales ? Existent-elles grâce à l'autorisation de l'État ? Sujet intéressant. En fait, la réflexion à ce sujet pourrait bien révolutionner nos idées actuelles sur l'Église locale et l'adhésion de ses membres.

JÉSUS DÉTIENT *L'IMPERIUM*

La plupart des citoyens de nos sociétés occidentales rangent les Églises dans la même catégorie que les clubs de foot ou les organisations caritatives. Les Églises sont un autre genre d'association bénévole, dit-on.

Par ailleurs, on estime que les Églises sont des prestataires de services, comme un mécanicien qui s'occuperait de votre âme ou un préposé à une station-service qui ferait le plein de votre réservoir spirituel.

Les Églises locales seraient-elles donc des clubs ou des prestataires de services existant grâce à l'autorisation de l'État, des « fournisseurs » comptant sur la miséricorde du maître des lieux ?

Il est vrai qu'en tant que chrétiens, nous devons nous soumettre à l'autorité de l'État. Mais n'oublions pas que l'État est à la fois « serviteur de Dieu » et son agent pour exercer le jugement

(Ro 13.4). Certes, l'État a le « pouvoir du glaive », mais par délégation de Dieu seulement.

Il est également vrai que les Églises devraient respecter les lois du pays en matière de règlements et se conformer au code du bâtiment (si elles disposent d'un édifice) et au régime de taxation (si elles possèdent du personnel rémunéré). En ce sens, les Églises sont similaires à toute autre entreprise ou organisation.

Toutefois, une chose doit être claire dans l'esprit du chrétien : l'Église locale n'existe pas grâce à la permission de l'État. Elle existe en vertu de l'autorisation expresse de Jésus-Christ. Après tout, c'est Jésus qui exerce la souveraineté absolue, pas l'État.

Être chrétien, c'est savoir que Jésus est l'autorité ultime. Jésus est l'autorité à laquelle toutes les autres autorités doivent rendre des comptes. Jésus jugera les nations ainsi que leurs gouvernements. Il est le seul à détenir le pouvoir de vie et de mort. L'État existe grâce à la permission de Jésus, pas l'inverse. De manière générale, les États ne reconnaissent pas ce fait, bien sûr, mais les Églises connaissent la vérité à ce sujet (Jn 19.11 ; Ap 1.5 ; 6.15-17).

Toute autorité, dans les cieux et sur la terre, a été donnée à Jésus, et il a donné à son Église l'autorité sur les peuples. Son Église avancera donc comme une armée que rien ne saurait arrêter. Les frontières des nations ne l'arrêteront pas. Les décrets des présidents et des premiers ministres ne l'arrêteront pas. Même les portes de l'enfer ne la freineront pas.

Jésus détient *l'imperium*.

NOUS DEVONS CHANGER NOTRE FAÇON DE PENSER

Au cas où nous serions tentés de surestimer le pouvoir de l'État, savoir que Jésus exerce *l'imperium* devrait nous aider à relativiser les choses. L'État n'est qu'un agent auquel il a confié un mandat précis.

Savoir que *l'imperium* appartient à Jésus devrait néanmoins avoir l'effet inverse sur notre vision de l'Église locale. Celle-ci est également l'un des agents de Christ ; il lui a donné une autorité que nous n'avons pas de manière individuelle, en tant que chrétiens. Cela a des conséquences radicales pour l'Église locale et les membres de l'Église.

Si vous êtes un chrétien qui vit dans une démocratie occidentale, il y a de fortes chances que vous ayez besoin de changer votre façon de penser concernant votre Église et ce qui vous lie à elle. Il est très probable que vous sous-estimiez votre Église. Vous la dépréciez. Vous la déformez d'une façon qui déforme votre christianisme.

Nous avons tous réfléchi à l'Église locale et à l'adhésion de ses membres de la mauvaise manière. C'est comme si nous avions considéré notre famille immédiate (père, mère, enfants) comme une entreprise. Permettez-moi de vous le dire : ce n'est pas une entreprise ; c'est une famille ! Mettons-nous donc à la traiter différemment.

Dans ce chapitre, je vais tenter de vous donner une vision composée de cinq idées majeures, toutes fondées sur la réalité universelle de la souveraineté de Jésus-Christ. Je vais ensuite passer le reste de l'ouvrage à justifier, développer et appliquer les idées que je présente dans ce chapitre pour qu'elles soient bien comprises.

Commençons par ce que n'est pas une Église locale. Si vous êtes chrétien, l'Église locale n'est pas un club. Ce n'est pas une organisation bénévole où l'adhésion est facultative. Ce n'est pas un groupe amical de personnes qui ont un intérêt commun pour des choses religieuses et se réunissent chaque semaine en vue de parler de Dieu.

L'Église n'est pas davantage un prestataire de services où le client est roi. On n'y invite pas les gens pour qu'ils reçoivent une mise au point de l'âme en soixante minutes !

L'accent que les protestants ont mis sur la prédication et les ordonnances (le baptéme et la sainte cène) a peut-être contribué à notre mauvaise compréhension de l'assemblée locale. Nous avons peut-être été induits en erreur par les sociétés démocratiques occidentales qui voient les Églises comme des associations bénévoles. Peut-être est-ce dû au fait que nous nous sommes comportés en consommateurs pendant plus d'un siècle. Je n'en suis pas sûr. Voici néanmoins quelques symptômes de notre raisonnement erroné :

- les chrétiens pensent qu'ils peuvent fréquenter une Église indéfiniment sans jamais y adhérer ;
- les chrétiens pensent pouvoir se faire baptiser sans adhérer à l'Église ;
- les chrétiens prennent la sainte cène sans adhérer à l'Église[1] ;

- les chrétiens voient la sainte cène comme une expérience mystique, réservée à eux seuls, et non comme une activité pour les membres de l'Église qui prennent part à la vie du corps ;
- les chrétiens ne partagent pas leur vie en semaine avec d'autres chrétiens ;
- les chrétiens supposent qu'ils peuvent prendre l'habitude perpétuelle de s'absenter du culte quelques dimanches par mois ou plus ;
- les chrétiens prennent des décisions majeures (déménager, accepter une promotion, choisir un conjoint, etc.) sans considérer les effets de ces décisions sur les relations dans l'Église et sans consulter les pasteurs ou d'autres membres sages de l'Église ;
- les chrétiens achètent des maisons ou louent des appartements sans considérer des facteurs tels que la distance de l'église et le coût du logement, susceptibles d'affecter leur capacité de servir leur Église ;
- les chrétiens ne comprennent pas qu'ils sont en partie responsables à la fois du bien-être spirituel et de la survie des autres membres de leur Église, même de ceux qu'ils n'ont pas rencontrés. Quand quelqu'un pleure, il pleure tout seul. Quand quelqu'un se réjouit, il se réjouit tout seul.

Le mal à la base de tous ces symptômes, le mal, je l'avoue, auquel je suis en proie est la croyance selon laquelle nous avons l'autorité de vivre notre vie comme nous l'entendons. Nous greffons l'Église à notre réalité lorsque cela nous convient.

Nous traitons donc l'Église locale comme un club auquel on adhère – ou pas. Cette supposition nous pousse à mener nos vies chrétiennes en gardant une certaine distance vis-à-vis de l'Église locale, quand bien même nous en devenons membres : « Bien sûr, je suis membre, mais pourquoi demanderais-je à l'Église de m'aider à réfléchir à cette offre d'embauche ? »

Comprenez-moi bien. Je ne montre personne du doigt. Mon instinct culturel me pousse à faire les mêmes choses que tout le monde. J'avoue que je veux aussi agir comme bon me semble. Je veux éviter d'être responsable d'autrui.

Ce n'est toutefois pas la vision biblique. Nous devons changer de lunettes et en mettre d'autres. Êtes-vous prêt ?

L'AUTORITÉ SUPRÊME SUR TERRE

Qu'est-ce que l'Église locale ? Je vais vous offrir un certain nombre de réponses à cette question, mais permettez-moi de commencer par ceci : Jésus a institué l'Église locale et lui a donné l'autorité sur terre de confirmer et de façonner officiellement ma vie chrétienne et la vôtre.

Tout comme Jésus a institué l'État, il a institué l'Église locale. C'est une autorité institutionnelle, parce que Jésus l'a *instituée* avec autorité. Je fais de mon mieux, ici, pour éviter d'aborder la relation entre l'Église et l'État, mais voici ce que l'on doit comprendre si l'on veut changer de paradigme relativement à l'adhésion à l'Église :

Selon la Bible, le gouvernement de votre pays est l'autorité suprême sur terre en ce qui a trait à votre citoyenneté ; de même, l'Église locale est la plus haute autorité sur terre à l'égard des disciples de Christ et de votre citoyenneté actuelle et future en Christ.

Jésus a institué l'État en lui donnant le pouvoir du glaive. En bref, cela signifie que chacun doit être soumis à l'État (sous l'autorité de la Parole de Dieu). Par conséquent, cela veut dire que l'État dispose du mécanisme nécessaire pour établir les structures de base de la société, comme de décider qui est publiquement reconnu en tant que citoyen.

De même, Jésus a institué l'Église locale en lui donnant le « pouvoir des clés ». Autrement dit, elle peut retirer à une personne son appartenance à l'Église (sous l'autorité de la Parole de Dieu). En conséquence, cela signifie qu'elle dispose du mécanisme nécessaire pour établir les structures de base de la vie dans le royaume, comme de décider qui est publiquement reconnu en tant que citoyen.

CHERCHER LES BONNES CHOSES

Au lieu de partir du fait que l'Église ressemble à une association bénévole, nous devons penser à elle comme au regroupement des citoyens d'un royaume ou d'un pays. Voyez-vous ce que je veux dire lorsque j'affirme que l'on doit considérer l'Église comme une famille plutôt qu'une entreprise ?

Quand les gens demandent : « Où voit-on *adhésion* dans la Bible ? », ils pensent à l'adhésion à un club, car le mot *adhésion* est associé au club. Les clubs, les partis politiques et les syndicats ont des membres. En revanche, ce mot n'est pas souvent utilisé concernant les gouvernements et les citoyens. On ne dit pas : « Alors, comment se portent les membres de la nation britannique ? Ne gouvernez-vous pas 60 millions de membres actuellement ? »

Les clubs naissent lorsque des gens ont un point d'intérêt commun. On offre des prestations de services quand un besoin ou un désir commun se manifeste. Les Églises ont tout cela, avec quelque chose en plus cependant : un Roi qui exige l'obéissance de son peuple. L'Église commence par ce fait : Jésus est Sauveur et Seigneur. Il est mort sur la croix pour les péchés de tous ceux qui croient en lui et le suivent.

Cela signifie que la Bible ne parle pas de la notion d'adhésion à l'Église tout à fait comme on pourrait s'y attendre. Elle indique plutôt comment le peuple de Dieu *se rassemble sous son autorité suprême.* Elle s'intéresse aux citoyens d'un royaume, pas aux membres d'un club. En outre, la Bible évoque l'unité de l'Église par un certain nombre de métaphores (la famille, la vigne, etc.). Cela nous amène à la deuxième idée majeure :

Cessez de chercher dans la Bible des indications concernant un club et ses membres bénévoles. Recherchez-y plutôt un Seigneur et son peuple, dont les membres sont liés les uns aux autres. Cherchez aussi l'unité sous d'autres formes (frères et sœurs d'une même famille, sarments de vigne, etc.).

La notion d'adhésion à l'Église locale se trouve-t-elle dans la Bible ? Si on sait ce qu'il faut chercher, elle y est partout présente. Je vais tâcher de vous le montrer dans les chapitres 2, 3 et 4.

PAS UN CLUB, MAIS UNE AMBASSADE

L'Église est plus qu'une autorité institutionnelle sous laquelle vous et moi sommes placés. Nous devrions aussi voir l'Église comme une famille, un troupeau, un temple, etc. Cependant, toutes ces réalités doivent s'inscrire dans le cadre de l'autorité de l'Église locale, et c'est pourquoi je commence par là. L'autorité de l'Église *façonne* tous les aspects de la vie de l'Église : l'aspect familial, du corps, etc.

Je vais donc utiliser un certain nombre de métaphores bibliques pour décrire ce à quoi ressemble la vie à l'intérieur de l'Église locale. Je tiens cependant à commencer par une idée fondamentale, qui remplacera celle du « club » ou du « prestataire de services », à savoir celle d'un avant-poste ou d'une ambassade.

D'où me vient la pensée d'une ambassade ? De l'idée biblique du royaume de Christ. Une Église n'est pas le royaume ; elle est un avant-poste ou une ambassade de ce royaume.

Qu'est-ce qu'une ambassade ? C'est une institution qui représente un pays à l'intérieur d'un autre pays. Elle déclare les intérêts de la *nation qu'elle représente* à la *nation hôte*, et protège les citoyens de la nation d'origine vivant dans le pays d'accueil. Par exemple, j'ai passé cinq mois à l'université à Bruxelles, en Belgique. Durant cette période, mon passeport a expiré. Si j'avais tenté de quitter le pays sans renouveler mon passeport, j'aurais eu des problèmes. Je n'avais plus de documentation valide confirmant ma citoyenneté américaine. Un après-midi, je suis allé à l'ambassade des États-Unis, à Bruxelles, et j'ai fait renouveler mon passeport. L'ambassade n'a pas *fait* de moi un citoyen américain à ce moment-là, mais elle l'a *confirmé* officiellement. Même si je suis citoyen américain, je n'ai pas l'autorité de me déclarer officiellement comme tel devant d'autres pays. Or, la confirmation de l'ambassade m'a donné la possibilité de continuer à vivre dans une ville étrangère, tout en bénéficiant des droits et des avantages de ma citoyenneté.

Une ambassade représente donc un lieu dans un autre lieu. Et si je vous disais qu'il existe une autre sorte d'ambassade qui représente un lieu *à venir* ? C'est ce qu'est l'Église locale. Elle représente toutes les personnes sous la seigneurie de Christ qui se réuniront à la fin de l'Histoire.

Le chrétien est citoyen des cieux, nous dit Paul. Celui-ci nous appelle même « concitoyens » des Israélites, ce qui est intéressant, quand on sait ce que signifiait la citoyenneté en Israël.

Contrairement à celle d'Israël, cependant, la patrie des chrétiens ne se trouve pas sur la planète Terre. Nous sommes « des étrangers et des gens du dehors ». Les chrétiens doivent attendre avec impatience leur patrie. Ils attendent le jour où « le royaume du monde *[sera]* remis à notre Seigneur et à son Christ », le jour où toute langue confessera que « Jésus-Christ est Seigneur » et tout genou fléchira à son nom (Ap 11.15 ; Ph 2.11).

Mais attendez un peu ! Il existe un lieu sur terre où les citoyens du ciel trouvent, en ce moment même, une reconnaissance officielle et un asile : l'Église locale. Les Églises représentent le royaume de Christ aujourd'hui. Elles confirment, à l'heure actuelle, la nationalité de ses citoyens et les protègent. Elles proclament ses lois, ici, et maintenant. Elles s'inclinent devant Jésus, leur Roi, et appellent tous les peuples à faire de même. Voici la troisième idée majeure :

> Une Église locale est une ambassade réelle, établie dans le présent, qui représente le futur royaume de Christ et son Église universelle à venir.

L'idée d'adhésion à l'Église découle directement de cette image de l'Église locale. Qu'est-ce qu'un membre d'Église ? C'est quelqu'un qui franchit les portes de l'ambassade en affirmant appartenir au royaume de Christ. « Bonjour, je suis Chrétien. » Le fonctionnaire de l'ambassade cherche dans son ordinateur et dit : « Bien, j'ai votre dossier. Voici votre passeport. » La personne peut désormais profiter des nombreux droits, avantages et obligations de sa citoyenneté, bien que vivant dans un pays étranger. Et ce n'est pas tout. Tenez-vous bien : cette personne devient partie intégrante de l'ambassade même, c'est-à-dire l'un des fonctionnaires qui légitime et supervise les autres. Être membre d'une Église, c'est *être* l'Église, du moins en partie.

Un membre d'Église est donc une personne que l'on reconnaît officiellement comme étant chrétienne et un membre du corps universel de Christ. Cela ne veut ne pas dire que les Églises font toujours les choses correctement, mais il est de leur ressort de déterminer et de confirmer qui appartient au royaume. C'est la quatrième idée majeure :

> Un membre d'Église a été reconnu officiellement et publiquement comme étant un chrétien devant les nations ; il exerce la même autorité de certification officielle et de supervision que les autres chrétiens de son Église.

L'adhésion à l'Église est plus que cela. Il convient d'évoquer les notions de famille, de corps et de troupeau qui se rattachent à l'adhésion, ainsi qu'une foule d'autres choses, comme nous le verrons au chapitre 4. Voilà cependant notre point de départ : c'est en tant que membres d'une l'Église locale que Christ nous a donné l'autorité du royaume, non pas en tant que chrétiens individuels. Jésus ne nous a pas laissés nous gouverner nous-mêmes et nous déclarer nous-mêmes citoyens du ciel. Il nous a laissé une institution qui nous authentifie en tant que croyants et qui contribue à façonner notre vie chrétienne.

L'autorité de l'Église locale, comparable à celle d'une ambassade, offre aux personnes qui déclarent : « Je suis un disciple de Jésus » l'occasion de démontrer que ces mots signifient vraiment quelque chose. L'Église locale garde la réputation de Christ en distinguant les vrais professants des faux. Elle permet au monde d'observer la toile du peuple de Dieu et d'y voir une peinture authentique de l'amour et de la sainteté de Christ, et non une copie. En outre, l'Église locale met en place une voie avec des glissières de sécurité et des stations de repos, en prévision du long cheminement de la vie chrétienne.

Les rois et les gouverneurs des nations n'accordent pas la citoyenneté au premier venu. Le roi de l'univers serait-il moins vigilant ?

SOUMISSION, PAS ADHÉSION

Si Jésus a institué l'Église locale en la dotant d'autorité sur nous, nous ne pouvons donc pas y adhérer comme à un club ou à une association bénévole ; nous nous soumettons à son autorité comme nous le faisons pour les gouvernements. C'est la cinquième idée majeure :

Les chrétiens n'adhèrent pas à l'Église ; ils s'y soumettent.

Église et gouvernement représentent tous deux l'autorité de Jésus, quoique de manière différente. Même les pasteurs et les dirigeants de l'Église doivent se soumettre à l'Église de cette façon. L'Église doit aussi confirmer leur citoyenneté, au moyen de la sainte cène.

Comprenez-moi bien. Du point de vue d'un non-chrétien, une Église locale n'est qu'une association bénévole. Personne n'a besoin d'en devenir membre. Du point de vue du chrétien, cependant, les choses sont différentes. Une fois que vous choisissez Christ, vous devez choisir son peuple par la même occasion. C'est une offre globale. Choisissez le Père et le Fils, et vous devez choisir toute la famille, ce que l'on fait en se joignant à une Église locale.

En outre, la façon dont l'Église exerce l'autorité que Christ lui a donnée est très différente de celle de l'État. « Jésus les appela, et dit : Vous savez que les chefs des nations les tyrannisent, et que les grands les asservissent » (Mt 20.25). Jésus continue en affirmant que l'autorité chrétienne se manifeste par le don de sa vie pour son prochain, comme lui-même l'a fait pour nous (v. 26-28). L'autorité chrétienne se manifeste aussi par la douceur transformatrice et la puissance de la Parole et de l'Esprit, et non par la force ni par la contrainte.

Jésus veut que les chrétiens se donnent de bon gré (se soumettent) à une Église locale. Au chapitre 6, nous verrons ce que cela signifie.

POURQUOI LES ÉGLISES SONT-ELLES UNE MENACE NATIONALE ET INTERNATIONALE ?

J'ai l'impression que beaucoup de chrétiens ne comprennent pas ce que signifie « être membre » d'une Église et pourquoi cela est vital, pour la raison bien simple qu'ils abordent le sujet du mauvais angle.

Je peux, cependant, citer deux groupes qui comprennent très bien l'importance du sujet. Tout d'abord, pensez à tous les gouvernements qui ont persécuté les Églises et leurs membres. Ces gouvernements ont eu tort de croire que les Églises mena-çaient leur pouvoir institutionnel, car Jésus n'a pas donné aux Églises le pouvoir du glaive. En revanche, ces gouvernements ont eu raison de croire que les membres d'Église ne les consi-déraient pas comme leur autorité suprême, car Christ était leur souverain.

Eusèbe, un historien romain du IVe siècle, rapporte le dis-cours de l'un des premiers chrétiens nommé Sanctus, lorsqu'il s'est tenu devant ses tortionnaires, en l'an 177 apr. J.-C. : « Il résista à leur interrogatoire avec une telle détermination qu'il refusa de leur dire son nom, sa race, son lieu de naissance et son statut d'homme libre ou d'esclave. À chaque question, il répondait en latin : "Je suis chrétien." Il proclama cela inlas-sablement, au lieu de dire son nom, son lieu de naissance, sa nationalité et tout le reste ; les païens n'entendirent pas un autre mot sortir de sa bouche[2]. »

Le second groupe qui comprend l'importance de ce sujet est celui des chrétiens qui, comme Sanctus, ont vécu sous la persécution, en particulier celle organisée par l'État. Ces frères et ces sœurs ont risqué leur vie en se faisant baptiser. Ne leur parlez pas d'« adhésion volontaire », comme si l'Église était un club de bowling. Ils connaissent le prix à payer pour respecter leur nouvelle allégeance. Aussi je me demande presque si ce livre ne trouverait pas plus d'échos chez eux que chez les Occidentaux comme moi. « Heureux ceux qui sont persécutés pour la justice, car le royaume des cieux est à eux ! » (Mt 5.10.)

Imaginez un globe terrestre sur lequel toutes les nations du monde sont représentées. Imaginez une petite ambassade lumineuse. C'est un rassemblement de chrétiens, réunis au nom de leur roi, Jésus-Christ. Puis le point lumineux se scinde en deux, puis en quatre, puis en huit, etc. Une nouvelle nation se développe, une nation à l'intérieur d'un pays. Cette nouvelle nation ne change en rien les limites territoriales, mais elle ne peut être contenue par les frontières du globe. Ceux qui établissent les frontières n'ont pas le pouvoir d'arrêter les citoyens des cieux. Les points lumineux traversent toutes les frontières, se répandant partout comme la levure dans la pâte, ou comme les étoiles dans le ciel qui apparaissent au fur et à mesure qu'il s'assombrit.

Ce sont les Églises de Christ et leurs membres. Le monde n'a jamais rien connu de semblable.

2

L'ADHÉSION DANS LE NOUVEAU TESTAMENT

Si nous avons pour objectif de comprendre ce qu'est l'adhésion à une Église, il pourrait s'avérer utile de survoler le Nouveau Testament pour veiller à ce que nous soyons tous sur la même longueur d'onde. C'est un peu comme acheter un lopin de terre. La description de l'agent immobilier ne nous suffit pas ; nous prévoyons donc une visite dans le but d'inspecter les lieux.

Que diriez-vous de remonter le temps jusqu'aux premières décennies de l'existence de l'Église, au début des années 30 apr. J.-C. ?

En supposant que notre machine à voyager dans le temps se trouve quelque part au-dessus de l'Atlantique Nord, nous nous dirigerons vers le sud pour survoler ce que les Romains appelaient autrefois *Britannia*. Au-dessous, nous apercevons Stonehenge, qui est là depuis deux mille cinq cents ans déjà. Presque rien d'autre ne nous est familier. Londres n'apparaîtra qu'une décennie plus tard et sera fondée par des soldats romains.

Nous traversons ensuite un bras de mer avant de survoler les champs et les forêts de la Gaule, un territoire que Jules César a conquis en 51 av. J.-C. Aujourd'hui, cette région se nomme la France. Après avoir traversé les Alpes enneigées, nous survolons la terre battue et poussiéreuse d'Italie et, pour finir, atteignons la magnifique ville de Rome où règne Tibère César. Nous tournons vers l'est, planons au-dessus de l'Adriatique, puis suivons la côte de la Méditerranée en traversant les territoires de la Macédoine, de Thrace, d'Asie, de Lycie, de Cilicie et de Syrie, tous conquis durant les deux siècles précédents par des légions romaines insatiables. Nous ne dépasserons pas l'Euphrate, au-delà duquel se trouvent l'Empire parthe et le nouvel Empire kouchan, mais nous nous dirigerons vers le sud, la Palestine et la province romaine de Judée. La Judée a été conquise par le général Pompée, quatre-vingt-dix ans plus tôt, en l'an 63 av. J.-C. Au moment de notre voyage, elle est gouvernée au nom de Rome par Ponce Pilate, que la Bible a rendu tristement célèbre, et le roi fantoche juif, Hérode Antipas.

Notre vaisseau à voyager dans le temps atterrit dans la ville de Jérusalem, où nous posons le pied sur un sol palestinien fissuré par le soleil. Nous balayons du regard les maisons en boue séchée, les quelques maisons bourgeoises et le mont du Temple, au loin.

Le but de notre voyage est simple : observer les premières Églises et leurs membres. Existe-t-il des Églises locales en Palestine ? Ont-elles les mêmes pratiques que nous en matière d'adhésion ?

L'ÉGLISE DE JÉRUSALEM

Nous nous découvrons entourés de « Juifs, hommes pieux, de toutes les nations qui sont sous le ciel » : Parthes, Mésopotamiens, Cappadociens, Asiatiques, Égyptiens, Libyens, Romains, Crétois, Arabes... la liste est longue (Ac 2.5,9-11). Ils sont venus célébrer la fête annuelle juive de la Pentecôte ; les couleurs vives et les odeurs nous rappellent un marché aux puces.

Pourtant, la première chose qui nous frappe n'est pas ce que nous voyons, mais ce que nous entendons, « un bruit comme celui d'un vent impétueux » (Ac 2.2). Nous sommes emportés par la foule jusque devant un groupe d'hommes qui prêchent, d'une manière ou d'une autre, dans la langue maternelle de tous ces peuples. La foule retient son souffle.

L'un de ces hommes, Pierre, affronte directement le peuple. Il leur rappelle le grand roi David, qui a utilisé les mots « mon Seigneur » en parlant de Jésus, récemment crucifié. Puis il conclut par la remarque saisissante : « Dieu a fait Seigneur et Christ ce Jésus que vous avez crucifié » (Ac 2.36).

Nous observons les auditeurs ; nous nous attendons à ce qu'ils se ruent sur Pierre. Ils vont sûrement le qualifier de traître et le remettre aux autorités.

Aucune agitation cependant. Apparemment, ils se sentent interpellés. « Le cœur vivement touché », ils demandent à

Pierre ce qu'il convient de faire (Ac 2.37). Sans hésiter, Pierre répond : « Repentez-vous et que chacun de vous soit baptisé au nom de Jésus-Christ, pour le pardon de vos péchés ; et vous recevrez le don du Saint-Esprit » (Ac 2.38).

Démarche osée, car avant d'être exécuté, Jésus a été accusé d'insurrection. Pierre ne cherche pas à cacher que Jésus est roi ; il cite même David et Dieu pour soutenir sa déclaration. En outre, il dit aux gens de s'identifier avec Jésus par le baptême. Il semble vouloir établir un peuple mis à part, un mouvement que le public peut identifier.

De façon remarquable, les gens répondent à son appel en masse : « Ceux qui acceptèrent sa parole furent baptisés ; et, en ce jour-là, le nombre des disciples augmenta d'environ trois mille âmes » (Ac 2.41).

Nous semblons avoir atterri au bon endroit. Voici où tout a commencé. Nous posons des questions et apprenons qu'avant notre arrivée, « le nombre des personnes réunies *[était]* d'environ cent vingt » (Ac 1.15). Puis, lors de cette journée extraordinaire, plus de trois mille personnes sont ajoutées à ce nombre : Jacques, André, Lydie, Alphée, Prochore, Pierrot, Sébastien, Alice... L'Église compte les nouveaux venus et tient des registres. Elle les connaît tous par leur nom.

CROISSANCE ET PERSÉCUTION

Les jours passent. Nous louons des locaux dans une tente et commençons à compiler nos propres registres. Nous continuons d'observer ce groupe qui adopte un nouveau mode de vie. Ces gens persévèrent dans l'enseignement des apôtres, dans la communion fraternelle, dans la fraction du pain et dans les prières. Ils se disent « chrétiens » et mettent tout en commun, y compris leurs biens et leurs ressources, en fonction des besoins de chacun (Ac 2.44,45).

Ce groupe n'est pas sur la même longueur d'onde que le reste de la ville. C'est comme si ses membres venaient d'ailleurs. Ils sont « tous ensemble assidus au temple », puis ils rompent le pain « dans les maisons » (Ac 2.46). Cette collectivité continue aussi de croître en nombre : « Et le Seigneur ajoutait chaque jour à l'Église ceux qui étaient sauvés » (Ac 2.47).

Les semaines et les mois passent. De nouvelles personnes affirment croire le message qui leur est annoncé. Assez vite le nombre de membres masculins s'élève « à environ cinq mille » (Ac 4.4). Nous nous demandons si ce groupe ne cherche qu'à remplir les bancs. Ont-ils l'obsession des nombres ?

La réponse est évidente : pas du tout. Conscients d'importants écarts moraux, les dirigeants visent à les corriger (5.1-11). L'« Église » (ainsi qu'ils se nomment eux-mêmes désormais) se retrouve toujours « au portique de Salomon » (Ac 5.11,12). Toute l'Église tient à rassembler ses membres pour s'entretenir sur la façon de mieux soutenir ses veuves (Ac 6.1,2).

Nul doute à ce sujet : ces gens passent du temps ensemble et prennent soin les uns des autres. Leur vie communautaire est si remarquable qu'en interrogeant la population de

Jérusalem, nous découvrons que « le peuple les louait haute-ment » (Ac 5.13).

Bien sûr, tout le monde ne les aime pas. Par deux fois, les apôtres doivent subir un interrogatoire. À deux reprises, Pierre dit la même chose : « Il faut obéir à Dieu plutôt qu'aux hommes » (Ac 4.20 ; 5.29). Ce groupe sait que Jésus est l'au-torité suprême. « Et chaque jour, dans le temple et dans les maisons, ils ne cessaient d'enseigner et d'annoncer la bonne nouvelle de Jésus-Christ » (Ac 5.42).

Pourtant, la vie devient dure pour l'Église. La persécution commence dès que les autorités locales se sentent menacées. Un leader nommé Étienne est lapidé à mort. Il semble même que les principaux sacrificateurs mettent la main sur une liste de noms et d'adresses, car l'un de leurs hommes de main parmi les plus zélés, un pharisien du nom de Saul, pénètre « dans les maisons » et en arrache les membres de l'Église pour les jeter en prison (Ac 8.3).

Chose étrange, cependant, les actions de Saul ont un effet fortuit. De nombreux messagers accourent vers nous afin de nous transmettre les mêmes nouvelles : « Ceux qui [ont] été dispersés [vont] de lieu en lieu, annonçant la bonne nouvelle de la parole » (Ac 8.4). La persécution disperse les chrétiens loin de Jérusalem, dans d'autres villes et terres lointaines.

Nous entendons bientôt dire qu'il y a des disciples en Samarie, à Damas, à Lydde, à Joppé et à Césarée (Ac 8.14 ; 9.10,32,42 ; 10.24). Tout le monde commence à comprendre que Jésus n'est pas venu ici-bas pour être seulement le roi des Juifs (Ac 11.18).

À cette même époque, un bruit se répand dans l'Église de Jérusalem au sujet de la conversion de Saul ; il aurait commencé à prêcher dans les synagogues que « Jésus est le Fils de Dieu » et « le Christ » (Ac 9.20,22). Beaucoup en douteront, jusqu'à ce que Saul arrive et prêche « franchement au nom de Jésus » (Ac 9.27,28).

Les chrétiens connaissent une période d'accalmie temporaire. L'Église de Jérusalem, à présent dispersée « dans toute la Judée, la Galilée et la Samarie », semble bénéficier de paix (9.31).

LES ÉGLISES DE SYRIE, D'ASIE MINEURE ET D'AU-DELÀ

Nous décidons de nous réunir pour commencer à faire le tri de nos données. L'un de nous suggère la possibilité que Dieu ait envoyé *à dessein* tous ces citoyens de divers pays à Jérusalem pour la Pentecôte, avant de permettre *à dessein* une persécution pour que les nouveaux convertis se dispersent à l'étranger.

Bien sûr, un de nos amis de l'Église de Jérusalem fait irruption juste au beau milieu de notre réunion. Il est à bout de souffle et doit se pencher en s'appuyant sur ses genoux pour reprendre sa respiration. Il se relève, souriant, et nous annonce que « le bruit *[est parvenu]* aux oreilles des membres de l'Église de Jérusalem » qu'« un grand nombre de personnes *[ont cru et se sont converties]* au Seigneur » au-delà de la frontière syrienne, dans la ville d'Antioche (Ac 11.19-22).

Un an s'écoule. Nous nous procurons un bulletin de l'Église de Jérusalem, et y lisons qu'« une foule assez nombreuse *[s'est jointe]* au Seigneur » à Antioche, et que Barnabas et Saul, « pendant toute une année [...] se réunirent aux assemblées de l'Église, et [...] enseignèrent beaucoup de personnes » (Ac 11.24,26).

De toute évidence, le phénomène ne se limite pas uniquement à la Judée.

Les chrétiens de Syrie sont authentiques. Une famine nous frappe en Judée, mais les disciples de Syrie envoient des provisions vers le sud. Grâce à la générosité chrétienne des gens d'Antioche, nous pouvons nous rassembler dans la maison d'un membre de l'Église pour partager un repas : agneau syrien rôti à la broche accompagné d'une salade de figues et de lentilles, pain plat grillé garni de fromage de chèvre et feuilles de vigne farcies de riz au lait. L'amour chrétien est absolument délicieux. Inlassablement, ces chrétiens prouvent qu'ils se soucient les uns des autres et que leur bienveillance se manifeste au-delà des frontières nationales et de leurs propres Églises.

Les décennies passent et nous sommes témoins de l'implantation de nombreuses Églises. Saul, désormais surnommé Paul, entreprend un voyage au cours duquel il implante des Églises sur l'île de Chypre et en Asie Mineure, y compris dans les villes de Derbe, de Lystre, d'Icone et d'Antioche de Pisidie (Ac 13.4 ; 14.20-23). Lors d'un deuxième voyage, il implante des Églises plus à l'ouest, dans les villes de Philippes, de Thessalonique, de Bérée, de Corinthe et d'Éphèse, pour n'en nommer que quelques-unes (Ac 15.36 – 18.22). Il entreprend ensuite un troisième voyage en vue d'affermir la foi de ces Églises (Ac 18.23 – 21.26).

Nous recevons non seulement des témoignages verbaux, mais des copies de lettres adressées par les apôtres à différentes Églises (à celles de Galatie, de Thessalonique, de Corinthe, de Rome et d'ailleurs). Paul continue d'écrire, même en assignation à domicile : « Je suis ambassadeur dans les chaînes » (Ép 6.20). Il utilise ses démêlés avec les autorités du monde pour servir les intérêts du Roi Jésus.

Les autorités réagissent de toutes sortes de manières. Hérode Antipas fait arrêter et tuer des membres de l'Église (Ac 12.1,2). Le proconsul romain sur l'île de Chypre croit au message des chrétiens et se convertit (Ac 13.12), tout comme le fait un chef de synagogue (Ac 18.8). Le gouverneur Félix y voit une occasion d'extorquer de l'argent (Ac 24.26). Le gouverneur Festus traite Paul de « fou » (Ac 26.24). Le roi Agrippa est perplexe (Ac 26.28). Un autre proconsul romain nommé Gallion ne se met pas du tout en peine de toute cette histoire (voir Ac 18.17).

C'est comme si les Églises et leurs membres étaient repoussés et mis au ban de la société ; ils en font partie, mais pas vraiment. Ils ne sont ni chair ni poisson. Une copie d'une lettre de Pierre nous parvient un jour et dit exactement cela. Il appelle les chrétiens des « étrangers » (1 Pi 1.1).

UNE IMAGE CLAIRE ET COHÉRENTE

Nous lisons et relisons les rapports. Nous prenons des notes. Nous tentons de reconstituer ce que sont l'Église locale et ses membres. C'est ainsi que dix thèmes incontestables émergent de tous nos documents :

1) L'Église se rallie à un Sauveur et Seigneur. Les expressions que nous avons entendues lors de notre premier jour à Jérusalem, telles que « pour le pardon des péchés » et « Jésus est Seigneur », reviennent sans cesse dans nos notes. Les apôtres proclament ce message (2 Co 4.5 ; voir Ac 17.3 ; Jn 20.31). Ils le nomment le chemin du salut et la Bonne Nouvelle (Ro 10.9 ; 1 Co 15.1-5 ; Ép 1.7 ; 1 Pi 1.3-12). En outre, le Saint-Esprit donne aux gens le dialecte adéquat pour l'annoncer (1 Co 12.3). Ces chrétiens respectent les autorités du monde et leur sont assujettis jusqu'à un certain point, mais leur soumission ultime est à Jésus-Christ. Ils s'appellent eux-mêmes « des ambassadeurs dans les chaînes » et risquent tout, même leur vie.

2) Les chrétiens sont généralement unis à des Églises individuelles, mais interconnectées. Au début, chaque croyant s'était rattaché ou « ajouté » à l'Église de Jérusalem. Puis il y a eu une phase de transition, durant laquelle certains disciples isolés ont été dispersés, comme quand Philippe a expliqué l'Évangile à un eunuque éthiopien. Il s'agissait toutefois de missions frontalières. En revanche, il n'y a aucun exemple de chrétiens se dissociant des Églises. On a tôt fait d'implanter des Églises à

Antioche, à Icone, à Corinthe, etc. Ces Églises continuent de communiquer entre elles, de s'identifier les unes aux autres et de se servir mutuellement en temps de besoin, même au-delà des frontières nationales.

3) *Les chrétiens s'identifient collectivement comme étant l'Église.* Nous le voyons dans leur façon de parler d'eux-mêmes : « Saul, de son côté, ravageait l'Église » (Ac 8.3). « Le bruit en parvint aux oreilles des membres de l'Église » (Ac 11.22). « *[Barnabas et Paul]* se réunirent aux assemblées de l'Église » (Ac 11.26). « Hérode se mit à maltraiter quelques membres de l'Église » (Ac 12.1). « L'Église ne cessait d'adresser pour lui des prières à Dieu » (Ac 12.5). « Ils convoquèrent l'Église » (Ac 14.27). « Après avoir été accompagnés par l'Église » (Ac 15.3), « ils furent reçus par l'Église » (Ac 15.4). Les chrétiens utilisent le mot *Église* pour s'identifier à leur vie en commun. Toutes ces personnes appartiennent à un ensemble qui est plus grand qu'elles.

4) *Les chrétiens possèdent un pouvoir spécial et une identité collective quand ils sont officiellement assemblés.* Paul parle des chrétiens de Corinthe « assemblés avec la puissance de notre Seigneur Jésus » (1 Co 5.4). Plus loin dans la lettre, il leur écrit : « […] lorsque vous vous réunissez en assemblée » (1 Co 11.18), comme s'ils formaient davantage « une Église » lorsqu'ils sont ensemble que lorsqu'ils sont seuls. Cette assemblée réunie a, semble-t-il, le pouvoir de faire des choses, de prendre des décisions et de faire des déclarations au nom de Jésus.

5) La première étape de la vie chrétienne est toujours le baptême. Pour les premiers chrétiens, cela va de soi. « Repentez-vous, et que chacun de vous soit baptisé » (Ac 2.38). « Ceux qui acceptèrent sa parole furent baptisés » (Ac 2.41). « Mais, quand ils eurent cru à Philippe, qui leur annonçait la bonne nouvelle du royaume de Dieu et du nom de Jésus-Christ, hommes et femmes se firent baptiser » (Ac 8.12). « Il tomba de ses yeux comme des écailles. [...] Il se leva et fut baptisé » (Ac 9.18). « Aussitôt il fut baptisé, lui et tous les siens » (Ac 16.33). « Et plusieurs Corinthiens, qui avaient entendu Paul, crurent aussi, et furent baptisés » (Ac 18.8). « Et maintenant, pourquoi tardes-tu ? Lève-toi, sois baptisé et lavé de tes péchés, en invoquant le nom du Seigneur » (Ac 22.16). Il est peu surprenant que Paul, en écrivant à l'Église de Rome, suppose simplement que tous ses lecteurs ont été baptisés (Ro 6.3). Ce marqueur public d'identité est sous-entendu.

6) Les chrétiens sont enjoints à se séparer du monde et à ne pas s'associer formellement avec lui. Paul n'interdit pas les relations avec les non-chrétiens (voir 1 Co 5.9,10), mais il dit aux chrétiens de ne rien faire qui pourrait les amener à corrompre leur identité chrétienne en s'associant formellement avec des incroyants. « Ne vous mettez pas avec les infidèles sous un joug étranger. Car [...] qu'y a-t-il de commun entre la lumière et les ténèbres ? » (2 Co 6.14.) Tout comme Dieu a tracé une ligne de démarcation claire entre Israël et les autres nations, Dieu exige une ligne de démarcation claire et lumineuse entre l'Église et le monde : « Sortez du milieu d'eux, et séparez-vous, dit le Seigneur ; ne touchez pas à ce qui est impur, et je vous accueillerai » (2 Co 6.17). Il n'y a rien de flou à propos de cette frontière.

7) *La vie et l'autorité de l'Église locale façonnent et orientent la vie de ses membres.* La chose a été particulièrement claire au début de notre séjour à Jérusalem. La vie chrétienne a immédiatement établi un cadre faisant autorité : les gens étaient baptisés et ajoutés à l'Église, puis ils se réunissaient pour entendre l'enseignement des apôtres. À partir de là, les croyants vivaient leur vie en fonction de celle des autres membres de l'Église : leurs repas, leurs prières, leurs horaires, leurs décisions concernant leurs finances et leurs biens, leurs provisions pour les veuves. Ce modèle n'a-t-il été en vigueur que durant les premiers mois ? La générosité de l'Église d'Antioche à l'égard de l'Église de Jérusalem laisse croire le contraire, ainsi que d'autres épisodes que nous n'avons pas mentionnés, comme la générosité de Lydie pour les missionnaires itinérants. En fait, ces premiers mois nous fournissent une image détaillée, qui n'aura nul besoin d'être répétée dans les récits des années suivantes. En outre, les lettres reçues nous livrent un aperçu d'une vie communautaire similaire (p. ex. : Ro 12.4-16 ; 1 Co 5.11 ; Gal 2.11,12 ; 1 Ti 5.9,10 ; Hé 10.34 ; 1 Pi 4.8-11).

8) *Les dirigeants chrétiens deviennent responsables de troupeaux bien précis.* Pierre dit aux anciens : « Paissez le troupeau de Dieu qui est sous votre garde » (1 Pi 5.2). Paul dit la même

chose aux anciens d'Éphèse : « Prenez donc garde à vous-mêmes, et à tout le troupeau sur lequel le Saint-Esprit vous a établis évêques, pour paître l'Église de Dieu » (Ac 20.28). Les anciens savent de qui ils sont responsables.

9) *Les chrétiens sont appelés se soumettre à des dirigeants bien identifiés.* L'auteur de l'épître aux Hébreux écrit : « Obéissez à vos conducteurs et ayez pour eux de la déférence » (Hé 13.17). De toute évidence, les croyants savent qui sont leurs dirigeants. Paul écrit : « Que les anciens qui dirigent bien soient jugés dignes d'un double honneur » (1 Ti 5.17). Les chrétiens savent qui honorer.

10) *Les chrétiens excluent les faux enseignants de leur communion.* Dans une lettre à l'Église de Corinthe, Paul écrit : « Ôtez le méchant du milieu de vous » (1 Co 5.13). De toute évidence, on ne peut pas *expulser* une personne d'une Église, à moins qu'elle lui *appartienne* en premier lieu. Ailleurs, Paul dit : « Éloigne de toi, après un premier et un second avertissement, celui qui provoque des divisions » (Tit 3.10). Jean parle ainsi des faux docteurs qui « sont sortis du milieu de nous, mais *[qui]* n'étaient pas des nôtres » (1 Jn 2.19).

UNE ÉGLISE *EST* L'ENSEMBLE DE SES MEMBRES

En somme, notre comité de recherche déduit qu'une chose est évidente dans l'Église primitive : être chrétien, c'est faire partie d'une Église. Aucune des personnes ayant reçu le salut ne se met à errer et à se demander si elle doit se joindre à une Église.

Les gens se repentent, sont baptisés et prennent part à la vie de l'Église. Considérer Christ comme son Seigneur signifie être uni à son peuple. C'est un automatisme, tout comme l'adoption signifie que l'on se retrouve à table avec des frères et sœurs.

L'idée d'être membre d'une Église est présente dans tout ce que nous avons lu et entendu. Certes, aucun de nos rapports ne fait mention d'un enseignant de l'école du dimanche demandant à ses élèves de chercher la définition d'un « membre d'Église » dans leurs fascicules. En revanche, tout le monde (autant ceux qui sont croyants que ceux qui ne le sont pas) sait ce que les chrétiens désignent par le mot « Église » : « *[Barnabas et Saul]* se réunirent aux assemblées de l'Église » (Ac 11.25). « Hérode se mit à maltraiter quelques membres de l'Église » (Ac 12.1). « Ils convoquèrent l'Église » (Ac 14.27). Être membre d'une Église, c'est être l'une des personnes qui forment l'Église. Une fois de plus, les chrétiens savent qui ils sont.

En fait, on ne peut parler de l'Église locale sans parler de ses membres. C'est comme essayer de parler d'une équipe, d'une famille, d'une nation, ou même d'un club sans parler de ses membres. Les membres *sont* chacune de ces entités.

RETOUR VERS LE FUTUR

Il semble que nous ayons trouvé ce que nous étions venus chercher. Plusieurs décennies se sont écoulées, mais il est clair que les Églises locales existaient dès le début du christianisme, et que ces Églises se composaient tout simplement de leurs membres. Ces derniers « adhéraient à l'Église », même si personne n'a jamais mentionné cette expression.

Cependant, nous n'avons pas trouvé la réponse à toutes nos questions, la première étant : qu'*est*-ce qu'une Église locale ? Selon les dernières nouvelles que nous avons eues de Paul, il était à Rome et prêchait « le royaume de Dieu » (Ac 28.31). De toute évidence, l'Église n'est pas un club. Les gens ne confondent pas leurs clubs avec un royaume. Ils ne s'appellent pas « ambassadeurs dans les chaînes » pour un organisme bénévole. En outre, ils ne mettent certainement pas leur vie en jeu pour un prestataire de services.

Qu'est-ce qu'une Église locale ? Qu'est-ce qu'un membre d'Église ?

Regagnons notre machine à voyager dans le temps et revenons au présent pour répondre à ces deux questions. Ne vous inquiétez pas, il ne sera plus question de voyages temporels.

Sur le trajet du retour, l'un de nous sort une Bible de poche et l'ouvre au livre de l'Apocalypse. C'est une lettre de Jean adressée à sept Églises distinctes d'Asie Mineure, en proie à la tentation et à la persécution. La fin du livre offre une description de la bête, qui ressemble beaucoup à César et à ses prétentions de divinité et de souveraineté. Comment Jean encourage-t-il ces Églises ? Il leur montre Christ assis sur son trône et des êtres célestes déposant leurs couronnes devant lui. César est un imposteur. Seul Christ est le souverain absolu.

C'est exactement ce que les Églises ont besoin d'entendre pour survivre en tant qu'Églises.

Jésus est Seigneur.

3

QU'EST-CE QU'UNE ÉGLISE ? QU'EST-CE QU'UN MEMBRE D'ÉGLISE ?

Quittons la Jérusalem du premier siècle pour nous retrouver à Washington, D.C., sur le trottoir bordant un bistro italien. Voilà qui devrait nous dépayser. Après avoir déjeuné, mon ami Coyle et moi bavardions au sujet de l'adhésion à l'Église locale. Soudain, Coyle me pose cette question délicate : « Quelle différence y a-t-il entre deux chrétiens appartenant à la même Église et deux chrétiens faisant partie d'Églises différentes ? »

Je ne sais que répondre. Je le dévisage bêtement, alors que je tache ma chemise de sauce marinara.

C'est pourtant une question permettant d'entrer dans le vif du sujet : comment définir une Église locale et ses membres ? Abordons la chose ainsi : Coyle fait partie de mon Église. Mon bon ami Mike, également chrétien, fréquente une autre église située à l'extrémité de la ville, près de l'aéroport. La question qui se pose est la suivante : ma relation avec Coyle diffère-t-elle de celle que j'entretiens avec Mike ? Mes obligations envers ces deux hommes sont-elles distinctes ?

On pourrait dire qu'on appartient tous les trois au corps du Christ, au peuple de Dieu, à l'Église universelle. En outre, on est tous les trois appelés à s'aimer, à prier les uns pour les autres, à s'encourager, à se reprendre mutuellement et même à s'entraider financièrement, si besoin est.

Où est donc la différence ? Que répondre à Coyle ?

S'il n'y a *pas* de différence, cela revient à dire que l'Église locale *n'existe pas*. C'est comme si je disais qu'il n'y a aucune différence entre ma relation avec ma femme et ma relation avec d'autres femmes. Ce serait vrai si l'alliance matrimoniale *n'existait pas* ; mais elle existe, ce qui change complètement la situation. De même, l'Église locale existe ; il semble donc qu'il devrait y avoir une certaine différence entre ma relation avec Coyle et celle que je maintiens avec Mike ; mais quelle est-elle ?

Voici un indice : mon Église et moi pouvons appliquer la discipline officielle de l'Église à Coyle, mais pas à Mike. Autrement dit, Jésus m'a donné, en tant que membre de l'Église, un rôle juridictionnel et formel à jouer dans la vie chrétienne de Coyle, rôle qu'il ne m'a pas confié dans celle de Mike. Cela dit, pour comprendre quel est ce rôle juridictionnel, il faut se demander ce que sont l'Église locale et ses membres. C'est l'objectif de ce chapitre et du suivant. Ce sont peut-être les deux chapitres les plus importants du livre.

INSTITUTIONNEL ET PHYSIOLOGIQUE

Il existe au moins deux aspects à l'Église locale : physiologique et institutionnel. On peut comparer ces deux aspects à la chair et aux os.

De nos jours, les gens s'intéressent davantage à l'aspect physiologique. En effet, la chair est douce, malléable et jolie. Cependant, la chair sans les os n'est pas vraiment belle à voir. Les deux sont donc nécessaires.

Pour comprendre la différence, reprenons l'analogie du mariage. Si l'on voulait parler du côté physiologique du mariage, on évoquerait toutes les choses merveilleuses que peut faire un couple marié : vivre ensemble, édifier un foyer ensemble, s'engager dans l'intimité conjugale, avoir des enfants, partager des confidences et ainsi de suite. Ce sont là de merveilleuses activités que l'on associe à la relation conjugale.

Si l'on veut parler du mariage sur le plan institutionnel, cependant, on évoquera l'alliance matrimoniale elle-même. Cette alliance, qui sous-entend l'idée biblique de « faire une seule chair », constitue la trame du mariage. C'est la norme qui sert de fondement à la relation et distingue la relation de l'homme avec son épouse de sa relation avec toutes les autres femmes, et vice versa. C'est la coupe qui contient le vin de l'activité conjugale. À défaut de coupe, le vin se répand au-dehors (voir Pr 5.15,16).

De nos jours, le monde aime les activités découlant du mariage, mais pas l'institution du mariage lui-même ; c'est pourquoi de plus en plus de couples vivent ensemble sans se marier. Ils veulent le vin, mais pas la coupe qui retient le vin. Évidemment, tout va de travers.

Là encore, beaucoup de gens choisissent l'activité, mais pas l'institution, parce qu'ils ont vu leurs parents ou leurs grands-parents rester ensemble, sans être heureux. « On n'a pas le choix », disaient-ils en guise d'explication. Ces personnes n'ont pas vu leur père aimer tendrement leur mère ou leur mère chérir leur père. Ils n'ont vu que des regards vides et qu'un échange machinal d'informations. La vie, la vie trépidante, ils ne l'ont vue que pendant les disputes bruyantes de leurs parents. Combien c'est ironique et tragique ! Ce n'est pas souhaitable non plus.

Dieu a ordonné tant les règles que les activités : ce sont les os et la chair.

La même chose s'applique à l'Église locale.

JÉSUS ET LE ROYAUME

Commençons par la description institutionnelle, à savoir les os, la coupe de vin. C'est ce que les gens ne voient pas ou évitent le plus communément de nos jours. L'union des relations qui transforme un groupe ordinaire de chrétiens en une Église locale n'est pas une union « indissoluble jusqu'à la mort ». C'est pourtant *quelque chose*, comme le met en évidence la possibilité de discipline de l'Église.

Dans le chapitre 1, nous avons comparé l'Église locale à un avant-poste ou à une ambassade. Afin de développer cette pensée, voici ma définition de l'aspect institutionnel de l'Église locale, qui tient en une seule phrase : *Une Église locale est un groupe de chrétiens qui se réunissent régulièrement au nom de Christ pour manifester officiellement leur appartenance à Jésus-Christ et à son royaume par la prédication de l'Évangile et les ordonnances de l'Évangile, et pour veiller les uns sur les autres.*

Certes, cette définition est complexe, mais chaque mot a sa raison d'être.

Avant de l'analyser, je veux que vous saisissiez où je veux en venir. Vous avez peut-être remarqué que dans le chapitre 2 portant sur les adhésions dans le Nouveau Testament, nous avons laissé de côté Jésus et les Évangiles. Pourquoi ? C'est en partie parce que Jésus a parlé du royaume beaucoup plus qu'il n'a parlé de l'Église. En revanche, les épîtres font l'inverse. Voyez ceci :

- Dans les Évangiles, Jésus mentionne le mot « Église » à deux reprises et le mot « royaume » quarante-neuf fois, dans l'Évangile de Matthieu seulement.
- Les lettres de Paul mentionnent l'« Église » trente-neuf fois et le « royaume » quinze fois seulement.

Jésus a parlé du royaume. Paul a parlé de l'Église.

Que doit-on comprendre ? Cela pourrait vous surprendre, mais c'est l'accent que Jésus a placé sur le royaume qui établit l'Église en tant qu'institution. Paul a écrit davantage à propos de l'aspect physiologique de l'Église, que nous examinerons dans le prochain chapitre.

Quel rapport le royaume de Jésus a-t-il avec l'Église ?

IL ÉTAIT UNE FOIS, UN ROYAUME…

Pour répondre à cette question, écoutons une histoire. Il était une fois, un royaume appelé Israël. Comme dans tous les royaumes, Israël avait un roi, une terre et un ensemble de lois. Toutefois, contrairement à la plupart des habitants des autres royaumes, les citoyens d'Israël avaient une tâche particulièrement importante à accomplir : *Israël devait représenter Dieu sur la terre.*

C'est comme si Dieu avait envoyé un communiqué de presse à toutes les nations de la terre, leur expliquant qu'Israël était son peuple et que les nations devaient l'observer pour connaître l'Éternel. Dieu était-il miséricordieux ou impitoyable, juste ou injuste ? Selon le communiqué de presse, il fallait observer cette nation pour le découvrir. Dieu lui avait donné un ensemble complexe de lois afin qu'elle sache exactement quoi faire.

Malheureusement, les Israélites ont lamentablement échoué dans leur tâche. Ils ont agi comme des adolescents peu sûrs d'eux-mêmes et trop soucieux des opinions de leurs pairs : ils ont imité les nations avoisinantes au lieu d'imiter Dieu. Ils ont peut-être cru qu'ils étaient trop *cools* pour obéir à la loi de

Dieu. Cela a conduit les nations à penser que Dieu n'avait rien de spécial, après tout. En fait, il devait leur ressembler.

Puis vint un homme nommé Jésus, qui dit au moins quatre choses renversantes à propos du royaume.

1. Dieu rejetait Israël. Le peuple avait perdu le privilège de le représenter (Mt 3.9-12 ; 8.11,12).
2. Jésus était celui qui représentait désormais le Père céleste (Mt 3.17 ; 11.27 ; Jn 14.9). En fait, il était Dieu et l'image parfaite de Dieu (Col 1.15).
3. Dieu allait établir un royaume, non pas sur un pays comme Israël, mais sur un ensemble précis de personnes. Ce royaume était réservé aux personnes repentantes, pauvres en esprit et humbles comme des enfants (Mt 4.17 ; 5.3 ; 18.3).
4. Les citoyens de son royaume, qu'il rachèterait par sa mort sur la croix, se joindraient à lui pour représenter Dieu sur la terre (Mt 5.48 ; Ro 8.29 ; 1 Co 15.49 ; 2 Co 3.18 ; Col 3.9,10).

Toutefois, un royaume de ce genre, sans pays ni frontières géographiques, fait face à un grave dilemme politique : n'importe qui peut prétendre en être citoyen. Jésus a d'ailleurs prédit qu'il y aurait toutes sortes d'imposteurs (Mt 7.21-23 ; voir aussi Mt 24.5 ; 25.44,45).

Cela génère à son tour un cauchemar sur le plan des relations publiques : ces imposteurs allaient ternir la réputation du Roi. N'oubliez pas que ce royaume était censé être réservé aux personnes repentantes, pauvres en esprit et humbles comme des enfants. Ce devait être un nouveau type de société. Cependant, si *n'importe qui* pouvait, de son propre chef, prétendre en être citoyen, la confusion risquait d'être totale. Plus question de « société nouvelle ».

On reconnaissait les citoyens de l'administration précédente au fait qu'ils vivaient dans un pays particulier. Même lorsqu'ils quittaient le pays, on pouvait les reconnaître à certaines caractéristiques : la circoncision, le sabbat et diverses restrictions alimentaires. Cependant, comment un royaume sans pays et sans frontières, comme celui de Jésus, désignerait-il ses citoyens ? Qui surveillerait la frontière en l'absence de frontières ?

ENTRACTE : LA SALLE DE PRESSE DE LA MAISON-BLANCHE

Avant de poursuivre cette histoire du royaume de Jésus, faisons une brève pause. Pensons à ce qui est en jeu dans un discours plus large portant sur l'adhésion à l'Église. Il est question de représenter Dieu sur la terre. C'était la tâche d'Israël, non ? Allez dans presque n'importe quelle université aujourd'hui, et tous vous diront à l'unisson : « Personne ne peut prétendre représenter Dieu. » Or, c'est exactement ce dont nous parlons.

Commencez-vous à voir à quel point ce sujet est important ? Voici une autre illustration. Supposons que nous quittions le bistro italien pour nous rendre à la Maison-Blanche et que nous entrions directement dans la salle de presse. Une fois, un ami d'un ami m'a introduit dans cette salle. Il a pris une photo de moi, debout à la tribune de la salle de presse, où je n'avais pas du tout l'air à ma place.

Vous connaissez peut-être le podium dont je parle. On le voit souvent dans les actualités. Le sceau présidentiel y est gravé. Derrière se trouvent un rideau bleu et un drapeau américain, de même qu'un médaillon ovale où on lit : « The White House » (La Maison-Blanche). C'est peut-être le podium d'où émane le plus de puissance au monde.

Du haut de cette tribune, des guerres ont été annoncées, des cours boursiers ont été déprimés, des économies entières ont été affectées, des traités internationaux ont été signés, des millions, même des milliards de vies ont été touchées.

À présent, voici ma question : avez-vous parlé au nom du président américain depuis cette tribune ? Avez-vous fixé les lampes du studio et les caméras du service de presse de la Maison-Blanche, et avez-vous représenté le président ?

Je présume que la réponse est non. Le président doit officiellement vous autoriser à le représenter. Même ses plus proches amis et les membres de sa famille ne paraissent pas sur la scène mondiale en prétendant le faire. Les enjeux sont trop importants.

Voici une autre question : avez-vous déjà parlé au nom de Jésus-Christ et de son royaume ? Quelqu'un vous a-t-il autorisé à représenter ce Roi ?

Représenter Jésus n'est pas sans importance non plus. En effet, comme nous l'avons vu au chapitre 1, Jésus a plus de pouvoir et d'autorité que le président. Ses paroles ne périront jamais. Ses décisions changeront le cours de l'éternité. Jésus a *l'imperium*.

Je suppose que beaucoup de chrétiens ne se sont jamais arrêtés pour voir s'ils peuvent légitimement affirmer parler au nom de Jésus-Christ. Depuis la chute, les êtres humains ont cru avoir le droit de faire comme bon leur semblait, et ce sentiment a envahi la foi chrétienne.

En vérité, les êtres humains n'ont le droit de faire que ce que Dieu autorise. La même chose s'applique au royaume de Christ : on ne peut agir en toute légitimité que là où il nous en a donné l'autorisation. Un être humain ne peut décider subitement d'appartenir au royaume de Christ et de s'octroyer le droit de le représenter officiellement sur la terre. Le ferait-on s'il s'agissait du président ? Pourquoi donc prétendre le faire quand il s'agit du Roi des rois ?

L'entracte est terminé. Qu'en retire-t-on ? Il est tout aussi présomptueux de supposer que nous avons l'autorité de représenter le Roi Jésus, le Fils de Dieu, qu'il l'est de penser que nous avons l'autorité de représenter le dirigeant de notre pays. Quelqu'un doit nous y autoriser.

L'HISTOIRE CONTINUE : LES CLÉS DU ROYAUME DE DIEU

Revenons à notre histoire du royaume de Jésus, sans pays ni frontières. Qui a l'autorité de déclarer publiquement qui en est citoyen et qui n'en fait pas partie ? Commençons par Pierre et les apôtres.

Un jour, Jésus a mis en garde les apôtres contre l'enseignement des dirigeants d'Israël (Mt 16.1-12). Leur mandat ayant expiré, ils devraient bientôt libérer les lieux et transporter leurs dossiers dans des boîtes. Puis il leur a demandé de leur dire qui il était, selon eux. Pierre, probablement au nom de tous les apôtres, a répondu : « Tu es le Christ, le Fils du Dieu vivant » (v. 16). Jésus a confirmé la réponse de Pierre en lui disant qu'il l'avait reçue du « Père qui est dans les cieux ». Puis il a ajouté :

> Et moi, je te dis que tu es Pierre, et que sur ce roc, je bâtirai mon Église, et que les portes du séjour des morts ne prévaudront point contre elle. Je te donnerai les clés du royaume des cieux : ce que tu lieras sur la terre sera lié dans les cieux, et ce que tu délieras sur la terre sera délié dans les cieux (Mt 16.18,19).

C'est la première fois que Jésus utilise le mot *Église*. Il parle ici de l'Église universelle : l'assemblée de tous les chrétiens de toutes les époques qui se réuniront à la fin de l'Histoire. Jésus édifiera cette assemblée de la fin des temps.

Comment l'édifiera-t-il ? Il l'édifiera « sur ce roc ». Quel roc ? Les théologiens ont longtemps débattu à savoir si le roc était la confession de Pierre ou Pierre lui-même. En fait, je pense qu'il s'agit des deux. Le théologien Edmund Clowney a écrit ceci : « La confession ne peut être séparée de Pierre et Pierre ne peut être séparé de sa confession[1]. » Jésus n'utilise pas n'importe quelle parole ou n'importe qui pour bâtir son Église, il utilise des gens qui croient aux vérités de l'Évangile et à la Parole même qui s'est faite chair. Jésus va construire l'Église sur des *professants.*

Jésus donne ensuite à Pierre et aux apôtres les clés du royaume, ce qui confère à Pierre le pouvoir de faire ce que Jésus a fait avec lui : agir en tant que représentant officiel de Dieu sur la terre pour valider les vraies confessions de l'Évangile et les vrais professants.

Les interactions entre le ciel et la terre dans ce passage sont étonnantes. Pierre confesse la véritable identité de Jésus, et Jésus dit que la bonne réponse de Pierre lui a été révélée par le Père qui est *dans les cieux.* Jésus était *sur la terre*, mais il parlait au nom *du ciel.* Puis, il enchaîne en autorisant Pierre à faire de même : représenter ce qui est lié et délié *dans le ciel* en le liant et en le déliant *sur la terre* !

Les experts de la Bible parlent parfois de « lier et de délier » comme d'une activité juridictionnelle ou rabbinique, ce qui nous aide à comprendre cette expression. Par exemple, un rabbin peut décider si une loi s'applique à (lie) une personne en particulier dans certaines circonstances. Jésus a donné aux apôtres ce genre d'autorité : l'autorité de se tenir devant un professant, de considérer sa confession et sa vie, et d'annoncer un jugement officiel au nom de Dieu. Est-ce la bonne confession ? Est-ce un véritable professant ? Autrement dit, *Dieu avait conféré son autorité aux apôtres pour qu'ils déclarent qui était un citoyen du royaume et le représentait sur terre.*

Je ne dis pas que Jésus a établi un « programme d'adhésion à l'Église » dans Matthieu 16, mais, sans conteste, il a établi l'Église (c'est-à-dire ses membres), et il lui a donné l'autorité de continuer de s'édifier elle-même, c'est-à-dire d'accepter et de destituer des membres. Son autorité lui permet d'évaluer les paroles et les actes d'une personne, et de rendre un jugement.

Deux chapitres plus tard, Jésus utilise le mot *Église* pour la deuxième et dernière fois. On voit la mise en action de l'autorité que représentent les clés :

Si ton frère a péché, va et reprends-le entre toi et lui seul. S'il t'écoute, tu as gagné ton frère. Mais, s'il ne t'écoute pas, prends avec toi une ou deux personnes, afin que toute l'affaire se règle sur la déclaration de deux ou de trois témoins. S'il refuse de les écouter dis-le à l'Église ; et s'il refuse aussi d'écouter l'Église, qu'il soit pour toi comme un païen et un publicain. Je vous le dis en vérité, tout ce que vous lierez sur la terre sera lié dans le ciel, et tout ce que vous délierez sur la terre sera délié dans le ciel. Je vous dis encore que, si deux d'entre vous s'accordent sur la terre pour demander une chose quelconque, elle leur sera accordée par mon Père qui est dans les cieux. Car là où deux ou trois sont assemblés en mon nom, je suis au milieu d'eux (Mt 18.15-20).

Le passage débute avec l'image d'un frère qui a péché ; son péché ne correspond pas à sa confession de foi. Ensuite, Jésus recommande quatre étapes. La première rencontre se fait en privé. Si le pécheur se repent, sa confession de foi retrouve sa crédibilité et le processus s'arrête là. Sa vie correspond à sa confession. Il représente de nouveau Jésus, à juste titre.

La deuxième rencontre inclut deux ou trois témoins, comme dans le cadre juridictionnel de l'Ancien Testament. L'Église tout entière ou l'assemblée s'implique dans la troisième rencontre. Si le pécheur ne se repent toujours pas, on passe à la quatrième étape, qui consiste à exclure la personne de la communauté de l'alliance en le traitant comme un étranger. Parfois, cela s'appelle la *discipline d'Église* ou l'*excommunication*.

Jésus invoque de nouveau les clés du royaume : tout ce que l'Église lie sur terre sera lié dans les cieux, et ce que l'Église délie sur la terre sera délié dans les cieux. Jésus ne parle pas des apôtres ou de l'Église universelle ici. Il parle d'une Église locale. L'Église locale a donc reçu, semble-t-il, les clés apostoliques du royaume. En conséquence, *l'Église locale détient l'autorité céleste pour déclarer qui est citoyen du royaume et, par conséquent, qui représente Dieu sur la terre.*

Jésus a autorisé l'Église locale à se tenir devant un professant, à examiner sa confession, à considérer sa vie et à prononcer un jugement officiel au nom de Dieu. Est-ce la bonne confession ? Est-ce un véritable professant ? C'est exactement ce que Jésus a fait avec Pierre. L'Église fait de même avec les ordonnances établies dans Matthieu 26 et Matthieu 28, à savoir la sainte cène et le baptême.

Matthieu 18, qui parle même davantage de la terre et du ciel que ne le fait Matthieu 16, présente une image claire de cette autorité dans le cadre de la discipline d'Église. Néanmoins, la possibilité de retirer son adhésion à une personne suppose que l'on a l'autorité d'évaluer ses paroles et ses actes avant de rendre un jugement. Cette autorité prend effet dès qu'une personne franchit les portes de l'église et déclare, comme Pierre, que Jésus est le Christ.

L'autorité représentative de l'État, comme nous l'avons dit au chapitre 1, apparaît le plus clairement dans son droit de vie ou de mort sur une personne. En ce qui concerne l'Église, son autorité représentative dans le royaume de Christ apparaît le plus clairement dans son droit de retirer à une personne son statut de membre de l'Église. Dans les deux cas, la pleine mesure de l'autorité institutionnelle est indiquée par le pouvoir de décider du sort d'une personne.

Pourtant, c'est la même autorité qui s'exerce lorsque « deux ou trois sont assemblés » au nom de Jésus (Mt 18.20) et que l'on baptise une personne « au nom du Père, du Fils et du Saint-Esprit » (Mt 28.19) : on autorise la personne à être un disciple officiel engagé. Par conséquent, *quand il est question de former un chrétien à devenir disciple de Christ, l'Église locale est la plus haute autorité en la matière sur terre.*

Non, elle n'est pas revêtue d'une autorité absolue, pas plus que l'État. Cependant, Jésus veut que les chrétiens se soumettent à la supervision des Églises locales, car ils sont des citoyens de son royaume.

L'Église locale va-t-elle utiliser les clés à la perfection ? Non. Elle va faire des erreurs, tout comme chaque autorité instituée par Jésus commet des erreurs. L'Église locale sera donc une représentation imparfaite de l'assemblée de Christ à la fin des temps. Cependant, le fait qu'elle commet des erreurs, tout comme le font les présidents et les parents, ne signifie pas qu'elle ne détient pas de mandat autorisé.

Cela veut-il dire que ce qu'une Église locale fait sur la terre change réellement le statut d'une personne au ciel ? Non, le travail de l'Église ressemble à celui d'un ambassadeur ou d'une ambassade. Rappelez-vous ce que je vous ai dit sur la visite que j'ai rendue à l'ambassade des États-Unis à Bruxelles, quand mon passeport avait expiré. L'ambassade n'a pas fait de moi un citoyen ; elle l'a officiellement attesté, chose que je n'aurais pas pu faire. Il en est de même pour une Église locale.

QU'EST-CE QU'UNE ÉGLISE LOCALE ?

Revenons à ma définition institutionnelle d'une Église locale : une Église locale est un groupe de chrétiens qui se réunissent régulièrement au nom de Christ pour manifester officiellement leur appartenance à Jésus-Christ et à son royaume par la prédication de l'Évangile et les ordonnances de l'Évangile, et pour veiller les uns sur les autres. Remarquez les cinq parties de ma définition :

- un groupe de chrétiens ;
- un rassemblement habituel ;
- un exercice à l'échelle de l'assemblée visant l'authentification et la supervision ;
- le but de représenter officiellement Christ et son règne sur la terre (les professants se rassemblent en son nom) ;
- l'utilisation de la prédication et des ordonnances à ces fins.

Tout comme un contrat de mariage transforme un homme et une femme en couple marié, les quatre derniers éléments transforment radicalement en Église locale un groupe de chrétiens ordinaires qui se retrouvent au parc.

Le rassemblement est important pour maintes raisons. C'est là où les chrétiens déclarent publiquement leur plus haute allégeance. C'est le poste ou l'ambassade qui donne un visage public à notre futur pays. C'est enfin là où nous nous inclinons devant notre Roi en l'adorant. Les pharaons du monde peuvent s'opposer à nous, mais Dieu appelle son peuple hors des nations pour l'adorer. Il forme sa puissante assemblée.

Le rassemblement, c'est aussi là où notre Roi édicte sa domination par la prédication, les ordonnances et la discipline. La prédication de l'Évangile explique la « loi » de notre nation. Elle déclare le nom de notre Roi et explique le sacrifice qu'il a fait pour le devenir. Elle nous enseigne ses voies et nous reproche notre désobéissance. Elle nous assure du retour imminent de notre Roi.

Par le baptême et la sainte cène, l'Église agite le drapeau et enfile l'uniforme de l'armée de son pays. Ces ordonnances nous rendent visibles. Être baptisé consiste à s'identifier au nom du Père, du Fils et du Saint-Esprit, ainsi qu'à la mort et à la résurrection de Christ (Mt 28.19 ; Ro 6.3-5). Prendre la sainte cène revient à proclamer sa mort et notre appartenance à son corps (1 Co 11.26-29 ; voir aussi Mt 26.26-29). Dieu veut que son peuple soit connu et qu'il se démarque. Il veut une ligne nette entre l'Église et le monde.

Qu'est-ce que l'Église locale ? C'est l'institution que Jésus a créée et qu'il a établie pour annoncer l'Évangile du Royaume, pour valider des professeurs de l'Évangile, pour superviser leur marche avec Christ et pour exposer les imposteurs. Comme je l'ai dit dans le chapitre 1, on n'adhère pas à une Église comme on adhère à un club. On se soumet à elle comme on se soumet au gouvernement.

Cela nous amène à définir ce qu'est un membre d'Église.

QU'EST-CE QU'UN MEMBRE D'ÉGLISE ?

Le statut de membre d'Église est une déclaration de citoyenneté céleste. C'est un passeport. C'est une annonce faite dans la salle de presse du royaume de Christ. C'est la déclaration que l'on est un représentant officiel, autorisé et engagé de Jésus-Christ.

Je vous propose une autre définition qui sera peut-être plus claire : *le statut de membre d'Église implique une relation formelle entre une Église et un chrétien, où l'Église atteste la bonne marche d'un chrétien et veille sur lui, et où le chrétien se soumet à l'Église pour vivre sa vie de disciple sous ses soins.*

Remarquez à nouveau la présence de plusieurs éléments :

- Une Église *atteste* officiellement que la profession de foi et le baptême d'une personne sont crédibles.
- Elle *s'engage à veiller* sur la croissance de cette personne.
- La personne *soumet* officiellement sa formation et son service en tant que disciple à l'autorité de cette assemblée et de ses dirigeants.

L'Église dit à la personne : « Nous reconnaissons ta profession de foi, ton baptême et ton statut de disciple de Christ comme étant valides. Par conséquent, nous reconnaissons et *attestons* publiquement ton appartenance à Christ, sous la *surveillance* de notre assemblée. » En bref, la personne dit à l'assemblée : « Dans la mesure où je vous reconnais comme étant une Église fidèle à l'Évangile, je *soumets* ma présence et ma formation en tant que disciple à votre amour et à votre supervision. »

À certains égards, ça ressemble au « je le veux » d'une cérémonie de mariage ; c'est pourquoi certains en parlent comme d'une alliance (une déclaration d'engagement) conclue avec l'Église locale.

Autrement dit, lors de votre adhésion à l'Église, celle-ci assume la responsabilité de veiller sur vous, comme vous vous portez responsable d'elle. De toute évidence, les anciens et les dirigeants de l'Église ont un rôle important et représentatif à jouer quant à la supervision de l'Église. Nous aborderons ce sujet un peu plus tard.

Remarquez que cette définition permet d'expliquer la différence entre ma relation avec Coyle, qui fait partie de mon Église, et ma relation avec Mike, qui est d'une autre Église. Coyle et moi recevons la confirmation et la supervision d'une certaine ambassade, tandis que Mike les reçoit d'une autre. C'est comme si nous avions obtenu nos passeports de l'ambassade américaine à Bruxelles, tandis que Mike avait obtenu le sien de l'ambassade américaine à Paris.

Il est vrai qu'un chrétien doit choisir d'adhérer à une Église, mais cela n'en fait pas un organisme bénévole. On est, en effet, obligé de choisir une Église locale, tout comme on est obligé de choisir Christ. Après avoir choisi Jésus, un chrétien n'a pas d'autre choix que de choisir une Église locale pour en devenir membre.

4

À QUOI RESSEMBLENT UNE ÉGLISE ET SES MEMBRES ?

Savez-vous ce qu'est une métaphore incohérente ? C'est l'utilisation, dans un même énoncé, de deux images divergentes. Par exemple, l'humoriste Dave Barry décrit l'effondrement du marché boursier de 1929 en ces termes : « L'économie nationale, apparemment prospère, s'est révélée être simplement un tigre de papier aux pieds d'argile, vivant dans un château de cartes en paille et ayant crié "au loup" une fois de trop[1]. »

Il arrive souvent que les auteurs de comédie fusionnent des métaphores, mais ils ne sont pas les seuls. Les poètes le font également, même si leurs amalgames sont plus subtils. T. S. Eliot commence l'un de ses poèmes en parlant de « neige oublieuse[2] » et William Butler Yeats invite à ne pas « marcher sur ses rêves[3] ». À proprement parler, la neige ne peut être oublieuse, et on ne peut marcher sur des rêves. Pourtant, la fusion inattendue des métaphores dans ces deux cas nous permet de voir des vérités qui n'apparaîtraient pas d'ordinaire dans un langage plus littéral.

Vous avez sans doute remarqué que les auteurs du Nouveau Testament, à la manière des poètes, associent souvent et à dessein leurs métaphores. Pensez à Paul disant aux Éphésiens : « *[je prie que Dieu]* illumine les yeux de votre cœur » (Ép 1.18). Le cœur n'a pas d'œil, mais cette association nous permet de saisir quelque chose de profond.

UNE ABONDANCE DE MÉTAPHORES

Lorsque les auteurs du Nouveau Testament se mettent à parler de l'Église et de ses membres, ils poussent cette fusion de métaphores à l'extrême et passent à la vitesse supérieure. Paul parle de baptême dans un corps, comme si l'on pouvait être immergé dans un torse. Pierre parle des chrétiens comme étant des « pierres vivantes », une métaphore incohérente ; il dit : « Et vous-mêmes, comme des pierres vivantes, édifiez-vous pour former une maison spirituelle, un saint sacerdoce » (1 Pi 2.5). Si j'avais écrit ce genre de phrase dans mon cours de rédaction au lycée, mon professeur aurait sorti son stylo rouge et il s'en serait donné à cœur joie.

Quand on ouvre la Bible et qu'on y lit ce que Dieu dit de l'Église, on y voit une abondance de métaphores. On y lit que l'Église est comparable à un corps, à un troupeau de brebis, aux sarments d'une vigne, à une épouse, à un temple, à l'édifice de Dieu, à un peuple, à des exilés, à une nation sainte, à un sacerdoce royal, au sel de la terre, à l'Israël de Dieu, à la dame élue, etc. Les images ne cessent de se succéder, s'empilant les unes sur les autres.

Dans le dernier chapitre, nous avons considéré l'aspect institutionnel de l'Église locale : l'assemblée des croyants que Christ a instituée dans le but précis d'utiliser les clés du royaume et de faire des disciples par la prédication et les ordonnances. Voilà ce qu'*est* une Église locale. C'est un corps que Jésus a créé et à qui il a confié des clés pour le bien de celles et de ceux qu'il a rachetés par son sang.

Terminer notre description ici reviendrait toutefois à dire qu'un mariage *est* une alliance matrimoniale sans évoquer toutes les activités uniques que rend possibles cette alliance, comme la complicité et l'intimité physique. Nous avons dit que l'aspect institutionnel doit être complété par l'aspect physiologique. Les règles d'une institution ne la limitent pas seulement ; elles lui donnent un pouvoir. Elles l'habilitent à agir. Elles posent le fondement de ses activités.

Le Grand Mandat de Christ dans Matthieu 28, ainsi que les clés du royaume qu'il remet à ses disciples, leur permet de s'emparer des merveilles de la nouvelle alliance et de les mettre en pratique sur la terre. C'est alors qu'entrent en jeu toutes les métaphores bibliques relatives à l'Église : le corps, l'épouse, le temple, la famille, etc. On vit en tant que corps, épouse, temple et famille *grâce* aux structures de responsabilisation de l'Église, à savoir l'authentification des membres, la supervision et la discipline. Le langage institutionnel du royaume et des clés fait office de corbeille remplie de fruits ou d'album rempli de photos.

Bien sûr, le royaume de Christ n'est pas métaphorique, du moins pas dans le sens des autres métaphores de l'Église. Le royaume de Jésus *est vraiment un royaume.* Christ dirige vraiment son peuple, mais l'Église n'est *pas vraiment* un corps humain, ni une épouse dans sa robe de mariée, ni un temple de briques, ni une famille fondée sur la parenté biologique, etc. Ces choses-là sont des métaphores. C'est pourquoi nous avons commencé par l'idée du royaume de Christ : pour nous aider à décrire ce que *sont* l'Église et ses membres. Nous devons néanmoins étudier l'aspect physiologique de l'Église, ou ce *à quoi ressemblent* une Église et ses membres. Ces membres sont comme un corps, une épouse qui se pare, un temple, une famille, un sacerdoce royal, etc.

Dire que l'Église est une ambassade de citoyens reconnus ne suffit donc pas. Quand je suis entré dans l'ambassade américaine à Bruxelles, personne ne m'a appelé frère, ainsi que cela se fait à l'Église. Pourquoi m'appelle-t-on « frère » à l'Église ? Parce que faire partie de l'Église revient à faire partie d'une famille.

Il n'y a rien de comparable à l'Église sur terre. C'est à la fois une famille, un corps, un troupeau, vous saisissez l'idée. C'est un tableau difficile à peindre, même pour des artistes doués.

L'IMPORTANCE DES MÉTAPHORES BIBLIQUES POUR L'ÉGLISE

Je voudrais ajouter plusieurs remarques supplémentaires au sujet de ces métaphores et de la raison pour laquelle elles contribuent à notre compréhension de l'adhésion à l'Église.

1. Chacune nous fournit une description de notre union dans l'Église. Chaque métaphore nous enseigne quelque chose de différent au sujet d'une Église et de ses membres. Décrire l'Église comme une famille, c'est parler de *l'intimité relationnelle* et de *l'identité partagée* de ses membres. L'appeler un corps consiste à dire que ses membres sont *interdépendants*, mais qu'ils jouent des *rôles différents*. La comparer au temple de l'Esprit revient à dire que *Dieu s'identifie spécialement à son peuple et qu'il habite au milieu de lui*. L'image du cep et des sarments communique *la dépendance de l'Église vis-à-vis de Jésus et de sa Parole* pour sa survie même. Vous saisissez ?

Pensez-y sous le rapport d'une union. L'union d'un couple marié sert à un but autre que l'union de deux briques dans un édifice, parce que les deux sont de nature différente. À quoi doit donc ressembler notre union au sein de nos Églises ? À une union conjugale ? À une union de briques ? Nous devons emprunter des mots et des idées à toutes ces images afin de définir les relations au sein d'une Église locale. N'est-ce pas incroyable ?

Quand on me demande : « Devenir membre d'Église, c'est dans la Bible ? », je suis à moitié tenté de répondre : « Non, ce n'est pas dans la Bible, du moins pas comme vous l'imaginez. »

La Bible offre une vision beaucoup plus riche et complexe du mode de vie des chrétiens et de leur unité au sein de l'Église locale. C'est comme si l'on avait cherché des pommes quand il nous fallait chercher des paniers remplis de fruits.

Rien sur terre n'est comparable à l'Église locale.

2. Nous avons besoin de toutes ces images pour décrire une Église et ses membres. Si toutes ces métaphores ou images nous permettent de mieux saisir ce concept, chacune est nécessaire. Impossible de tirer du panier son fruit préféré en y laissant le reste. « Je vais prendre les pommes et laisser les oranges, je vous remercie. » Non, on doit prendre tout le panier.

En d'autres termes, on doit y réfléchir à deux fois avant de décider quelle métaphore de l'Église est la plus importante. Au fil de l'Histoire de l'Église, certains chrétiens ont essayé de mettre l'accent sur l'aspect du corps ou du peuple de Dieu que revêt l'Église. Or, c'est comme si je disais que je suis plus un mari qu'un père, ou plus un père qu'un mari. Certes, mon épouse ou mes enfants pourraient préférer l'un ou l'autre, mais je suis les deux à la fois. Il faut parler de « père », de « mari » et d'autres particularités pour décrire qui je suis.

Les Églises malsaines, même des confessions en entier, résultent parfois de dirigeants qui ont empli leur panier de leurs métaphores préférées au détriment des autres ; ils ont versé dans l'intimité (l'aspect famille) ou la hiérarchie (l'aspect corps).

3. Chacune de ces métaphores est mise en pratique localement. Chaque métaphore biblique de l'Église prend forme, revêt un corps, dans l'Église locale. La famille, le corps, le temple, le peuple, toutes ces descriptions de l'Église de Christ ne sont pas abstraites. Elles se concrétisent sur le plan local. Elles sont mises en pratique localement.

Tous les chrétiens du monde n'appartiennent-ils pas à la famille de Dieu ? Certes, mais Dieu nous donne la possibilité d'agir comme une famille au sein de notre Église locale ; nous traitons les autres avant tout comme nos frères et sœurs. Le corps de Christ ne s'étend-il pas aux chrétiens du monde entier ? Bien sûr, mais nous vivons comme un corps dans notre Église locale. L'un est la bouche, l'autre le coude et le suivant, l'œsophage.

Cela signifie qu'on a besoin de toutes les métaphores bibliques pour décrire chaque Église vivante. Le peuple de Dieu est là, que ce soit à l'Église baptiste, presbytérienne, luthérienne, évangélique, etc. C'est là que se trouve le temple de l'Esprit, le corps de Christ. On n'y trouve pas qu'un bras ou qu'une cheville du corps de Christ.

La description du corps de Christ que fait Paul dans 1 Corinthiens 12 est excellente. Paul fait-il référence à l'Église locale de Corinthe ou au corps universel de Christ quand il parle du corps et de ses membres, dans ce passage ? Considérons la phrase suivante : « Vous êtes le corps de Christ, et vous êtes ses membres, chacun pour sa part » (1 Co 12.27). Cela semble décrire l'aspect local. Or, plus tôt dans le chapitre, il s'était inclus lui-même : « *Nous* avons tous, en effet, été baptisés dans un seul

Esprit, pour former un seul corps » (12.13). Paul n'était pas à Corinthe. Parlait-il de l'Église universelle ?

La question n'est pas difficile quand on se rappelle que l'Église universelle est présente dans l'Église locale. L'Église locale est un avant-poste de la future Église universelle. Cela signifie que Paul va tantôt dans un sens, tantôt dans l'autre. Quand il écrit : « Les membres du corps qui paraissent être les plus faibles sont nécessaires » (1 Co 12.22), je dirais qu'il met l'accent sur l'Église locale. Pourtant, quand il écrit : « Nous avons tous, en effet, été baptisés dans un seul Esprit, pour former un seul corps » (1 Co 12.13), je dirais qu'il met l'accent sur l'Église universelle. En bref, 1 Corinthiens 12 illustre à merveille ce que devrait incarner une Église locale aujourd'hui et ce à quoi elle ressemblera quand Christ la rassemblera à la fin des temps.

Pour dire les choses autrement, notre adhésion à un corps local représente notre adhésion au corps à la fin des temps. On pourrait se contenter d'un concept abstrait de l'« Église », mais pas Jésus. Il voulait que son Église et notre adhésion soient visibles en temps réel. Par conséquent, on ne peut s'acquitter de ses obligations envers les autres chrétiens et les dirigeants spirituels en l'absence de l'Église locale, du moins, pas comme la Bible nous appelle à le faire. En outre, les autres chrétiens et les dirigeants de l'Église ne peuvent remplir leurs obligations envers nous sans l'Église locale. On a besoin d'*un* corps de Christ pour être *le* corps du Christ. On a besoin d'*une* famille de Dieu pour être *la* famille de Dieu.

Comment obéir au commandement de Jésus et s'aimer les uns les autres (Jn 13.34) ? Comment obéir au commandement de Paul de porter « les fardeaux les uns des autres » (Ga 6.2) ? Comment obéir aux paroles de Pierre : « Que chacun de vous mette au service des autres le don qu'il a reçu » (1 Pi 4.10) ?

On honore tous ces commandements en s'engageant dans une Église locale.

Voici une autre façon de penser à ce qui est en jeu : comment réagir à la personne qui prétend être « justifiée en Christ », mais qui ne recherche jamais la justice ? Nous dirions qu'elle fait erreur et qu'il faut l'exhorter à se repentir. Ceux qui ont reçu gratuitement la justice de Christ doivent à leur tour exercer la justice (p. ex. : Ro 6.2 ; aussi 1 Jn 3.7). De façon similaire, comment répondre à la personne qui prétend appartenir au corps universel de Christ, mais qui ne s'engage jamais vraiment auprès du corps de Christ sur la terre ? Nous dirions que la personne fait erreur et qu'il faut l'exhorter à se repentir.

Le corps de Christ, le peuple du Père et le temple de l'Esprit seront entièrement réunis dans la gloire. Chose étrange, on trouve cependant des expressions imparfaites, de piètres avant-postes et ces ambassades défaillantes de ce rassemblement dans l'Église locale actuelle. Rien sur terre n'est comparable à l'Église locale, fondée avant l'aube des temps.

4. Les métaphores ne sont pas vraiment des métaphores, mais des types. On peut le voir dans Éphésiens 5. Paul écrit : « C'est pourquoi l'homme quittera son père et sa mère, s'attachera à sa femme, et les deux deviendront une seule chair. Ce mystère est grand ; je dis cela par rapport à Christ et à l'Église » (Ép 5.31,32). Paul parle de mariage, puis il change de sujet à brûle-pourpoint. Le mariage fait référence à Christ et à l'Église, dit-il. Le mariage symbolise ou préfigure Christ et l'Église. Nous nous leurrons si nous croyons que le mariage traduit la réalité et que l'amour de Christ pour l'Église est un symbole du mariage.

C'est comme si Dieu, avant la création du monde, s'était dit : « Comment puis-je tisser à même la trame de la création un symbole ou une image de l'alliance d'amour de mon Fils pour l'Église ? Comment puis-je proclamer cela à l'échelle planétaire, de sorte que chacun le voie et comprenne qu'il est en présence de quelque chose de grandiose ? »

Réponse : il a créé le mariage. Celui-ci préfigure une réalité très *réelle*, à savoir Christ et l'Église.

Selon moi, il en va de même pour toutes les métaphores bibliques relatives à l'Église. Elles préfigurent quelque chose d'encore plus grand. Pensons à la référence de Paul au Père céleste « de qui toute famille dans les cieux et sur la terre tire son nom » (Ép 3.15). Dieu a placé des pères terrestres ici-bas afin que tout le monde ait un aperçu de ce que doit être notre relation avec le Père céleste.

Pourquoi Dieu a-t-il créé des frères et sœurs, selon vous ? Pour que chacun saisisse la vraie réalité qui commence maintenant, dans l'Église locale, et nous attend de manière complète dans la gloire.

Qu'en est-il du cep et des sarments ? Ils préfigurent notre dépendance de la Parole de Christ. Je sais que, dans la gloire, notre dépendance totale et entière de lui sera encore plus évidente. Même les métaphores de l'Église dans l'Ancien Testament, comme le Temple, bien qu'elles fassent allusion à la vie d'Israël, préfigurent des réalités plus grandes devant se concrétiser dans les temps à venir.

RIEN DE COMPARABLE

Commencez-vous à saisir pourquoi je ne cesse de dire que rien dans le monde n'est comparable à l'Église locale et à ses membres ? Les liens qui nous unissent dans l'Église locale sont, en fin de compte, plus interconnectés que ne l'est un corps physique, plus sûrs que l'étreinte d'un père, plus chaleureux que l'amour fraternel, plus résistants qu'une maison en pierre, plus saints qu'un sacerdoce, etc.

C'est ce que Jésus nous réserve dans la gloire, et c'est ce que nous commençons à pratiquer dès maintenant, dans l'Église baptiste, presbytérienne ou autre. Nous le mettons en pratique avec tous ces gens qui sont encore pécheurs et étranges, et qui nous marchent sur les pieds, tout comme nous marchons sur les leurs.

À quoi ressemblent l'Église locale et ses membres ? À un corps, à une épouse qui s'apprête, à un temple, à une famille, à un sacerdoce royal… mais dans tous les cas, à *beaucoup plus* que cela !

RETOUR À LA RÉALITÉ ?

Reste que chaque membre d'Église sur terre sait bien que, dans l'Église locale, on ne jouit pas toujours de proximité, de sécurité, de chaleur, de force et de sainteté. En fait, on peut avoir l'impression d'y vivre tout le contraire.

Une femme déçue et blessée a récemment quitté mon Église. Elle m'a écrit ce message : « Qu'ils soient croyants ou non, les membres de ma famille se mettront toujours en quatre pour moi comme jamais ne le ferait un membre de la famille de l'Église. Franchement, l'idée que je me faisais de cette famille et de cette communauté a bien changé. Les seules personnes sur lesquelles je peux vraiment compter sont ma famille biologique et les amis qui m'ont accompagnée ma vie durant. »

Ce sont les paroles de quelqu'un dont les espoirs ont été anéantis. Elle avait appris que l'Église était une chose et elle a découvert qu'elle était très différente de l'idée qu'elle s'en était faite. Plus proche qu'une famille ? Plus sûre que l'étreinte d'un père ? Plus chaleureuse que notre relation avec nos frères et sœurs ? Vraiment ? Cela n'a pas été son expérience. Peut-être que ça n'a pas été la vôtre non plus.

Que dire à ce propos ? Voici ce que je lui ai écrit :

Tout d'abord, je suis désolé. Je regrette notre péché et la souffrance que nous vous avons causée. Je suis convaincu que le péché est réel et que la douleur est réelle.

Ensuite, je vous prie de nous pardonner. Nous avons besoin de votre pardon pour être réconciliés en Christ, même si nous ne faisons pas partie de la même assemblée chrétienne.

Enfin, je vous invite à lire l'Évangile. Je pense à Pierre, tel un roc, qui promet à Jésus de ne pas le renier, puis qui le fait malgré tout. Plus tard, Pierre refusera de manger avec toute une catégorie de membres de l'Église, les non-juifs. Or, Jésus est mort pour des traîtres, des hypocrites, des idiots et des racistes comme ce Pierre. Pierre n'est-il pas celui qui, plus tard, parlera de l'Église comme de « pierres vivantes » et d'une « maison spirituelle » ? Pierre, vraiment ? T'es-tu trouvé fort, tenace et spirituel avec tes frères et sœurs en Christ ?

Voici la bonne nouvelle : nous n'avons pas à nous appuyer sur la force et l'amour de gens comme Pierre. Nous devons compter sur la force et l'amour de Christ, car par son œuvre accomplie sur la croix, il nous a transformés en *son* corps, en *sa* famille, en *son* temple, en *son* peuple, en *son* troupeau, en *sa* joie et en *sa* couronne. C'est lui qui a fait de nous ce que nous sommes, pas nous. À présent, il nous perfectionne de sorte que nous devenons ce que nous sommes (chose étrange) déjà.

Accrochez-vous donc. Restez avec nous. Persévérez dans le pardon et l'amour. Nous y arriverons, pas grâce à nous, mais grâce à Jésus.

Votre *frère* en Christ,
Jonathan

Douze raisons pour lesquelles il importe d'adhérer à l'Église locale

1. *C'est biblique.* Jésus a institué l'Église locale, et tous les apôtres ont exercé leur ministère par son intermédiaire. La vie chrétienne dans le Nouveau Testament est la vie ecclésiale. Les chrétiens d'aujourd'hui devraient s'attendre à la même chose et la désirer.

2. *L'Église* est *ses membres.* Être une Église dans le Nouveau Testament revient à être l'un de ses membres (lire les Actes des apôtres). Il est souhaitable de faire partie de l'Église, car c'est elle que Jésus est venu sauver et réconcilier avec lui-même.

3. *C'est une condition indispensable pour prendre la sainte cène.* La sainte cène est un repas pour l'Église réunie, c'est-à-dire pour ses membres (voir 1 Co 11.20-33). Chacun devrait vouloir prendre la sainte cène. C'est le drapeau de l'équipe qui rend visible l'équipe de l'Église aux yeux des nations.

4. *C'est la meilleure façon de représenter Jésus de manière officielle.* Votre adhésion à l'Église lui permet de déclarer que vous êtes un citoyen du royaume de Christ et, par conséquent, un représentant légal de Jésus devant les nations. Chacun devrait vouloir être autorisé à le représenter. Ce qui nous amène à l'élément suivant.

5. *C'est la meilleure façon de déclarer votre plus grande allégeance.* Votre adhésion à l'équipe (qui devient visible quand vous agitez le drapeau de la sainte cène) est un témoignage public de votre entière soumission à Jésus-Christ. Vous pourrez subir épreuves et persécutions, mais vous continuerez de dire : « Je suis chrétien. »

6. *C'est la meilleure façon d'incarner et d'expérimenter des images bibliques.* C'est au sein des structures de responsabilisation de l'Église locale que les chrétiens vivent et font l'expérience de la proximité des membres de son corps, de la plénitude spirituelle de son temple, de la sécurité, de l'intimité et de l'identité partagée de sa famille.

7. *C'est la meilleure façon de servir d'autres chrétiens.* L'adhésion vous permet de savoir quels chrétiens sur terre vous êtes notamment responsable d'aimer, de servir, d'exhorter et d'encourager. Cela vous permet d'assumer vos responsabilités bibliques vis-à-vis du corps de Christ (p. ex. : voir Ép 4.11-16, 25-32).

8. *C'est la meilleure façon d'imiter nos conducteurs chrétiens.* L'adhésion vous aide à savoir quels dirigeants chrétiens sur la terre vous êtes appelés à suivre. Cela vous permet de remplir votre responsabilité biblique à leur égard (voir Hé 13.7,17).

9. *Cela permet aux dirigeants chrétiens de conduire le troupeau.* L'adhésion permet aux leaders chrétiens de savoir quels chrétiens sur la terre ils doivent « paître » (Ac 20.28 ; 1 Pi 5.2).

10. *Cela permet la discipline ecclésiale.* C'est l'endroit où, selon la Bible, vous participez à l'œuvre de la discipline ecclésiale avec compétente, sagesse et amour (1 Co 5).

11. *Cela donne une structure à votre vie chrétienne.* Cela place le chrétien engagé à suivre Jésus et à lui obéir dans une situation réelle où l'autorité est effective-ment exercée sur le croyant (voir Jn 14.15 ; 1 Jn 2.19 ; 4.20,21). *C'est le programme divin pour la formation de disciples.*

12. *Cela génère un témoignage et invite les nations à Christ.* L'adhésion permet au monde d'observer le règne de Christ (voir Mt 5.13 ; Jn 13.34,35 ; Ép 3.10 ; 1 Pi 2.9-12). Les balises mêmes, tracées autour des membres de l'Église, génèrent une société de gens qui invite les nations à quelque chose de meilleur. *C'est le programme divin d'évangélisation.*

5

QUELLES SONT LES « NORMES » DE L'ADHÉSION ? (DEVENIR MEMBRE)

Certaines personnes rejettent la notion d'adhésion à l'Église, car, selon elles, cela signifie qu'on leur demande de s'astreindre à certaines règles. Ou elles pensent que cela signifie que l'on impose des normes de comportement aux candidats pour qu'ils soient admis. Ces deux choses semblent contraires à la grâce de Dieu, qui est gratuite.

Il n'est pas difficile de comprendre pourquoi les gens pensent ainsi. L'adhésion implique généralement que le candidat respecte certaines normes. Il faut être assez riche pour adhérer à un club privé, assez cool pour s'intégrer à la foule à la mode, assez intelligent pour faire partie d'une équipe de débat, assez rapide pour se tailler une place dans une équipe de foot et assez bienveillant pour se joindre à un organisme caritatif.

Être membre de quelque chose, c'est, par définition, *être quelque chose* que les autres ne sont pas. Cela semble dangereusement exclusif, n'est-ce pas ? L'idée d'adhésion à une Église pourrait-elle tenter les chrétiens de devenir moralistes ou pharisaïques ? Le christianisme ne repose pas sur des normes, mais sur la libre grâce de Dieu. Comment pourrions-nous donc établir des standards ?

À vrai dire, il est facile de devenir moralisateur en ce qui concerne l'adhésion à l'Église. J'ai dit plus tôt, et je maintiens, qu'un membre d'Église est un représentant officiel de Jésus, mais il est facile de s'égarer. Étant donné que Jésus est parfaitement saint, un représentant de Jésus implique nécessairement le fait d'être saint, ce qui signifie que la norme d'adhésion à l'Église est la sainteté. Il n'est donc pas impossible que je devienne condescendant avec quiconque n'est pas saint comme moi. Peut-être ne devrais-je même pas l'accueillir dans mon Église. Cette personne ne fait pas l'école à la maison comme moi. Ou elle ne prie pas avec la même passion que moi. Ou elle ne fait pas de voyages missionnaires comme moi. Ou encore, elle n'est pas aussi modérée que moi dans ses dépenses.

Vous voyez jusqu'où ça peut aller. C'est comme si l'idée d'adhésion à l'Église pouvait générer des citoyens de première classe, des citoyens de deuxième classe et des non-citoyens, en fonction de leurs *réalisations*. Ce raisonnement est à l'opposé de la grâce et de l'Évangile. Est-ce là ce que le présent livre préconise ?

Quelles sont donc les « normes » d'adhésion à l'Église ?

QUI EST ADMIS ?

En tant qu'ancien de l'Église, j'ai eu l'occasion et le privilège de m'entretenir avec des gens désireux d'adhérer à l'Église. On pourrait comparer cette fonction à celle d'un berger qui se tient à la porte de la bergerie et qui veille à ne pas y laisser entrer n'importe quel genre d'animal. Il s'agit de laisser entrer des brebis, pas des loups.

Selon les dires d'une personne pendant l'entretien, je peux la recommander aux autres anciens qui, à leur tour, peuvent la recommander à l'assemblée entière. Puisque Jésus donne à l'Église locale cette autorité, nous sommes d'avis que la dernière décision appartient à l'Église, pas aux anciens.

Qui est admis ? Voici la réponse étonnamment simple : les chrétiens.

Ce qui veut dire que la norme à suivre pour devenir membre d'une Église ne doit pas être plus ou moins élevée que la norme à respecter pour devenir chrétien, à une exception près, dont je vais parler dans un instant. Il s'agit d'authentifier les brebis.

L'adhésion à l'Église commence quand une Église locale valide la profession de foi d'un chrétien. Comme Jésus l'a fait avec Pierre, nous demandons à la personne qui est Jésus. Comme Pierre l'a fait avec Jésus, la personne répond en disant que Jésus est le Christ, le Fils du Dieu vivant, et elle sait exactement ce que ces mots signifient. En d'autres termes, les gens doivent comprendre et croire l'Évangile pour adhérer à une Église.

Les gens ne peuvent pas toujours expliquer l'Évangile correctement, mais d'une manière ou d'une autre, ils doivent être en mesure de le présenter. Ils doivent pouvoir dire de qui ils sont les représentants avant qu'on ne les appelle officiellement les représentants de Christ. Je me souviens d'un entretien que j'ai eu avec une dame dont la langue maternelle n'était pas l'anglais. Quand je lui ai demandé ce qu'était l'Évangile, elle m'a regardé d'un drôle d'air en me disant : « L'Évangile ? » comme si elle entendait ce mot pour la première fois. J'ai poursuivi ainsi : « La Bonne Nouvelle de Jésus-Christ. » Cette clarification l'a aidée, et elle a su m'expliquer ce qu'était l'Évangile. Notre Église a commencé à la considérer comme un membre. Agir de la sorte s'apparente à l'envoi d'un communiqué de presse : « À toutes les nations : vous pouvez désormais observer cette femme pour savoir qui est Jésus. Elle est une représentante officielle de Christ. »

Il m'est également arrivé d'avoir des entretiens avec des personnes incapables d'expliquer l'Évangile. Je me souviens d'une autre dame me disant qu'être chrétien, c'était « faire de son mieux ». J'ai essayé d'aborder le sujet sous plusieurs angles en lui posant d'autres questions, pensant peut-être que j'obtiendrais d'elle une meilleure réponse, mais en vain. Lorsque, à la fin, je lui ai expliqué que l'adhésion n'était *pas* envisageable, elle s'est mise à pleurer. J'avais envie de pleurer, moi aussi. Si vous aviez entendu l'histoire de sa vie difficile, vous auriez ressenti la même chose. Cependant, procéder à l'adhésion n'aurait pas été un témoignage d'amour, ni pour elle ni pour l'Église.

Je l'ai donc invitée à se joindre à une dame de l'Église pour faire une étudie en six parties de l'Évangile de Marc. Elle a accepté et a rencontré cette dame. Quelques semaines plus tard, nous nous sommes de nouveau réunis pour un nouvel entretien. Cette fois, elle m'a expliqué l'Évangile merveilleusement bien et s'est jointe à notre Église. « Avis aux nations : Regardez par ici ! Une autre représentante ! »

Je suppose que vous pourriez décrire mon refus de la candidature de cette dame comme l'obligeant à s'astreindre à certaines règles. J'espère, au contraire, que vous comprendrez qu'il s'agissait de prendre soin d'elle, de s'assurer qu'elle connaissait l'Évangile et qu'elle était convertie ; il était aussi question de prendre soin de l'Église et de veiller à la réputation de Christ.

LA FOI

J'ai dit que l'adhésion à l'Église commence quand une Église valide la profession de foi d'une personne, comme Jésus l'a fait pour Pierre. Afin de faciliter ce processus, les Églises utilisent souvent une déclaration de foi pour que tout le monde dise et croie la même chose à ce sujet.

Par exemple, les mormons, les témoins de Jéhovah et certains protestants libéraux admettent leur croyance en Jésus, comme Pierre l'a fait. En revanche, ils ne reconnaissent pas que

Jésus est Dieu. Donc, de quel Jésus parlons-nous ? La déclaration de foi d'une Église permet de mettre les choses au clair.

Dans l'Église primitive, certains niaient le fait que Jésus était pleinement humain. Écoutez de quelle façon l'apôtre Jean encourage une Église à user de discernement à ce sujet :

> Bien-aimés, n'ajoutez pas foi à tout esprit ; mais éprouvez les esprits, pour savoir s'ils sont de Dieu, car plusieurs faux prophètes sont venus dans le monde. Reconnaissez à ceci l'Esprit de Dieu : tout esprit qui se déclare publiquement pour Jésus-Christ venu en chair est de Dieu ; et tout esprit qui ne se déclare pas publiquement pour Jésus n'est pas de Dieu, c'est celui de l'Antéchrist, dont vous avez appris la venue, et qui maintenant est déjà dans le monde (1 Jn 4.1-3).

Certains prophètes disaient : « Ouais, je crois en Jésus, moi aussi. Je suis comme vous. » Cependant, Jean exhortait l'Église à les sonder un peu plus parce que, dans les faits, ils n'étaient peut-être pas de vrais chrétiens. Deux mille ans se sont écoulés et les faux enseignements n'ont cessé de proliférer. C'est pourquoi la plupart des Églises ont des déclarations de foi qui portent sur Dieu, la Bible, le péché, le salut, l'Église et le retour de Christ.

En demandant à une personne de valider une déclaration de foi, on n'a pas pour but d'authentifier des théologiens professionnels, mais des chrétiens. Écoutons les standards de Christ : « C'est pourquoi, quiconque se rendra humble comme ce petit enfant sera le plus grand dans le royaume des cieux. Et quiconque reçoit en mon nom un petit enfant comme celui-ci, me reçoit moi-même » (Mt 18.4,5). En d'autres termes, les Églises devraient être sensibles à un esprit brisé et humble devant Dieu. Quel aspect revêt un tel brisement ? À celui-ci : « Je reconnais que je suis un pécheur ignoble et que je mérite le jugement de Dieu. Je reconnais aussi que Jésus-Christ est mort sur la croix pour me racheter en payant la dette de mes péchés. À présent, il est mon Seigneur et je marche sur ses pas. »

Un cœur brisé, quant à lui, accepte la saine doctrine et approuve ce que la Bible dit sur Dieu et à notre sujet.

LA REPENTANCE

Le christianisme ne commence pas seulement par la foi. Par conséquent, l'adhésion à l'Église, non plus. Les deux commencent par la repentance. Jésus a prêché : « Le royaume de Dieu est proche. Repentez-vous, et croyez à la bonne nouvelle » (Mc 1.15).

Tout comme la bonne doctrine et la foi, la repentance est le fruit d'un cœur que le Saint-Esprit a brisé.

Si je devais écrire un guide des normes pour les entretiens d'adhésion, j'irais tout droit aux Béatitudes de Matthieu. Ça donnerait à peu près ceci :

Cherchez ceux qui sont pauvres en esprit, qui pleurent à cause de leurs péchés ; non pas les ayants droit et ceux qui prétendent avoir toujours raison, mais les débonnaires, ceux qui sont dégoûtés du péché et assoiffés de justice comme d'une eau fraîche. Lorsque vous trouvez ces personnes, assurez-vous qu'elles savent qui est Jésus. Veillez à ce que Jésus soit celui qui remplit leur esprit appauvri, celui qui a pardonné leurs péchés, celui à qui elles vouent leur vie et leur allégeance, et celui dont elles poursuivent la justice. Lorsque vous trouvez ces gens, invitez-les à devenir membres de l'Église !

Notez que ce n'est pas la perfection morale d'une personne qui la qualifie pour qu'elle devienne membre d'une Église ; au contraire ! C'est sa prise de conscience de son manque de perfection morale alliée à sa soif de justice. Ce ne sont pas les gens qui ne pèchent pas, mais ceux qui luttent contre le péché. Le travail juridictionnel de l'Église est de valider non pas les justes, mais les injustes assoiffés de justice, la justice que seul Dieu peut donner en Christ.

Voici une autre façon de le dire : ce qui rend les gens acceptables pour une Église n'est pas leur propre pureté morale, mais celle de Christ ; ce n'est pas ce qu'ils ont fait pour se sauver, mais ce que Dieu a fait pour les sauver.

LE BAPTÊME

A-t-on vraiment besoin de s'asseoir dans un bureau de l'église avec un ancien pour avoir un entretien avant d'adhérer à une Église ? Non, il existe différentes manières de s'assurer que quelqu'un représente Jésus avant de lui apposer le sceau de l'approbation de l'Église. Nous aborderons ce sujet plus en détail dans le chapitre 8.

Ce qu'il faut voir maintenant, c'est qu'il y a une chose que les Églises doivent exiger de leurs membres au-delà du salut : le baptême. Dans le chapitre 2, nous avons vu que, dans le Nouveau Testament, la première étape à franchir pour un chrétien est le baptême, immanquablement. La foule a demandé à Pierre ce qu'il fallait faire pour être sauvé et il a répondu : « Repentez-vous, et que chacun de vous soit baptisé » (Ac 2.38). Paul, écrivant à l'Église romaine, a simplement présumé que chacun avait été baptisé (Ro 6.4). C'est la première chose que Jésus commande à ses disciples quand il les envoie faire des disciples (Mt 28.19).

Le baptême ne sauve personne, mais Jésus veut que les gens sauvés s'identifient publiquement avec lui et son peuple. C'est un élément de l'officialisation de notre citoyenneté en Christ. C'est notre façon d'agiter le drapeau.

De même, pendant deux mille ans, les Églises ont traité le baptême comme une condition préalable à l'adhésion. La Bible dit-elle : « Vous devez être baptisé avant d'adhérer à une Église » ? Non, mais elle dit : « Repentez-vous, et que chacun de vous soit baptisé. » Si vous souhaitez vous identifier au peuple de Christ et vous attendre à ce que les chrétiens vous identifient comme l'un des leurs, vous devez tout d'abord vous identifier à Christ, ce qui est le but du baptême. Refuser le baptême serait interprété comme le refus de se repentir. Ainsi que l'a dit Mark Dever, le commandement le plus simple que Jésus nous ait donné consiste à nous faire baptiser. À partir de là, les choses se corsent.

CONCLUSION

Un ami pasteur m'a téléphoné voilà plusieurs semaines et m'a demandé s'il devait permettre à un homme d'adhérer de nouveau à son Église. Cet homme avait annulé son adhésion plusieurs mois auparavant, mais il désirait maintenant revenir. Il aimait semer la bisbille, et bien qu'il n'ait pas ouvertement causé de divisions, il manquait de maturité et il lui arrivait d'irriter les membres de la direction. Mon ami songeait à ne pas lui permettre d'adhérer à son Église.

Je lui ai demandé s'il pensait que cet homme était chrétien. « Oui », m'a-t-il répondu lentement et avec un peu de réticence.

J'ai demandé à mon ami s'il serait prêt à se tenir dans un centre commercial bondé, à montrer cet homme du doigt et à dire à tous qu'il était un représentant de Jésus. « Je suppose », m'a-t-il répondu avec encore plus de réticence.

« Eh bien, je pense que tu devras peut-être lui permettre d'adhérer de nouveau à l'Église. On doit aussi permettre aux chrétiens charnels de devenir membres. »

Les Églises ne doivent pas rechercher des gens qui ne sont jamais charnels, mais des gens qui admettent leurs travers et sont avides de changement. Un peu comme moi. Peut-être comme vous ?

6

COMMENT UN CHRÉTIEN SE SOUMET-IL À UNE ÉGLISE ? (ÊTRE MEMBRE)

J'ai dit auparavant que les chrétiens n'adhèrent pas vraiment à des Églises, mais qu'ils s'y soumettent. Après tout, Jésus a donné aux Églises l'autorité de lier et de délier sur la terre, ce qui signifie que les chrétiens sont appelés à se soumettre à elles pour démontrer leur soumission à Christ. Cela s'apparente à un enfant qui honore Dieu en honorant ses parents.

Le mot *soumission* effraie la plupart des gens aujourd'hui, en partie parce qu'ils ont observé beaucoup d'abus de pouvoir dans le leadership, y compris le leadership ecclésial. Pourtant, tout au long de l'Écriture, Dieu révèle que l'autorité est destinée à notre bien. L'Auteur de la Création a utilisé son autorité pour nous créer et nous bénir.

De façon similaire, il veut que les intendants humains qu'il a légitimés utilisent leur autorité pour soutenir la vie et la prospérité spirituelles chez autrui (lire p. ex. : 2 S 23.3,4 ; voir aussi És 11.2-10).

Que signifie donc se soumettre à une Église ? Est-ce pour notre bien ?

UNE NUIT ÉTOILÉE

Pour répondre à ces questions, dirigeons-nous vers l'Arizona.

Il m'est arrivé d'aller camper dans le désert de l'Arizona, non loin du Grand Canyon. La première nuit, nous avons dormi à la belle étoile. Je n'avais jamais rien vu de pareil. Dans le ciel pur du désert, les étoiles brillaient d'un tel éclat que l'on pouvait étendre le bras et presque voir son ombre sur le sol.

Je vous demanderais de visualiser ce ciel, de lever les yeux et de voir une toile obscure parsemée de milliers de diamants de lumière.

Pourquoi ? C'est ainsi que Paul dépeint les chrétiens et les Églises dans le monde. Il a dit aux chrétiens de la ville antique de Philippes qu'il souhaitait les voir devenir...

> irréprochables et purs, des enfants de Dieu sans défaut au milieu de gens faux et mauvais de ce monde. *[Ils devaient]* briller parmi eux comme les étoiles dans le ciel (Ph 2.15 ; *BFC*).

La ville de Philippes était la toile sombre. Les chrétiens se devaient d'être des diamants de lumière. La ville était pervertie, dépravée. Les chrétiens devaient être irréprochables et purs.

Voyez-vous ce que Paul voulait dire ? Ces croyants devaient rayonner dans leur maison et leur milieu de travail, sur la place du marché et les terrains de jeux.

Voici néanmoins quelque chose qu'il ne faut pas manquer dans ses propos. Il ne voulait pas qu'ils se contentent de briller de façon indépendante, c'est-à-dire séparés les uns des autres. Il voulait les voir briller dans *leur vie communautaire*.

Je vous ai montré un verset qui parle d'étoiles qui brillent, mais revenons un peu en arrière. Quelques paragraphes auparavant, Paul a dit à ses lecteurs qu'il voulait les voir vivre une vie « digne de l'Évangile » (Ph 1.27). Qu'est-ce qu'une vie digne de l'Évangile ?

Heureusement, Paul a laissé aux Philippiens deux images d'une vie digne. La première révèle ce qu'il voulait voir dans l'Église de Philippes. Il souhaitait qu'elle demeure ferme dans « un même esprit » et qu'elle combatte « d'une même âme », qu'elle ait « un même amour, une même âme, une même pensée » (Ph 1.27 – 2.2).

Image monochrome, n'est-ce pas ? Leur vie communautaire devait prendre la couleur de l'unité par leur soumission les uns aux autres. Paul leur ordonne ensuite ceci : « Ne faites rien par esprit de parti ou par vaine gloire. » Au lieu de cela, dit-il, « que l'humilité vous fasse regarder les autres comme étant au-dessus de vous-mêmes. Que chacun de vous, au lieu de considérer ses propres intérêts, considère aussi ceux des autres » (Ph 2.3,4). Autrement dit, l'image de l'unité est une image de soumission mutuelle.

Avant de terminer la description de sa première image, Paul s'interrompt et peint une seconde image de soumission devant servir de modèle à la première. Concernant cette unité, cette soumission et cet amour, Paul dit : « Ayez en vous les sentiments qui étaient en Jésus-Christ : existant en forme de Dieu, il n'a point regardé son égalité avec Dieu comme une proie à arracher, mais il s'est dépouillé lui-même, en prenant une forme de serviteur, en devenant semblable aux hommes ; et il a paru comme un vrai homme, il s'est humilié lui-même, se rendant obéissant jusqu'à la mort, même jusqu'à la mort de la croix. C'est pourquoi aussi Dieu l'a souverainement élevé, et lui a donné le nom qui est au-dessus de tout nom » (Ph 2.5-9).

Voyez-vous le lien entre ces deux images ? La deuxième image représente l'Évangile : Jésus-Christ s'est fait chair, a été crucifié, puis est ressuscité d'entre les morts. Christ a accompli ce que lui seul pouvait réaliser : payer le rachat de nos âmes et vaincre la mort. La première image est celle d'une vie *digne* de l'Évangile ; c'est une vie consacrée à l'amour, à la soumission, à l'humilité et à l'unité chez les chrétiens.

Paul dit en gros : « Voulez-vous savoir comment un professant de l'Évangile devrait vivre parmi d'autres chrétiens ? Il vous suffit de prendre exemple sur votre Sauveur ! »

À ce stade de sa lettre, Paul revient à sa première image. Il recommande aux Philippiens de continuer à obéir ; de travailler à leur salut avec crainte et tremblement ; de faire toutes choses sans murmures ni hésitations ; d'être irréprochables et purs. C'est alors qu'ils brilleront « comme les étoiles dans le ciel » (Ph 2.12-16).

Quand les chrétiens recherchent l'unité dans leurs Églises en se soumettant les uns aux autres, leurs assemblées chrétiennes rayonnent comme des lumières dans la nuit.

Voilà ce qu'est une vie digne de l'Évangile et une Église digne de l'Évangile.

Si vous savez à quel point notre monde est sombre et perdu, vous comprendrez que c'est là une belle image. Vous êtes au courant des mariages brisés, de l'injustice raciale, des enfants abandonnés et des nombreux types de toxicomanie qui asservissent les êtres humains. Vous avez vu la solitude, les blessures et l'anxiété des gens. Vous avez connu la rage, la haine, l'orgueil, ainsi que les illusions et la justification de soi qui accompagnent toutes ces situations. Vous avez vu certaines de ces choses chez les autres et en vous-même.

Ne souhaitez-vous pas que nos Églises éclairent notre monde ténébreux de l'éclat de leurs lanternes ?

HUIT FAÇONS DE SE SOUMETTRE À UNE ÉGLISE LOCALE

Paul a regardé les chrétiens de Philippe droit dans les yeux et leur a dit de se soumettre les uns aux autres, tout comme Christ s'est soumis lui-même à Dieu pour leur bien.

Il en va de même pour nous et nos Églises locales. Tout comme Jésus-Christ s'est soumis à Dieu durant toute sa vie pour notre bien, nous devons l'imiter pour le bien d'autrui. Considérer les intérêts d'autrui avant les siens s'applique à chaque domaine de la vie. Pour être plus précis, nous devrions nous donner à notre Église sur les plans public, physique, social, affectueux, financier, professionnel, moral et spirituel.

Publiquement

Tout d'abord, les chrétiens devraient se soumettre à leurs Églises locales publiquement, à savoir formellement ou officiellement. Ils devraient adhérer à une Église en s'engageant auprès du corps local des croyants où ils prendront régulièrement la sainte cène. Jésus s'est identifié publiquement à son Église. De même, nous devrions nous identifier publiquement à lui et à son peuple en adhérant à une Église. (Voir le chapitre 8 quant à la signification de ces propos pour l'Église persécutée.)

Physiquement et géographiquement

En second lieu, les chrétiens devraient se soumettre à leurs Églises locales sur le plan physique et peut-être même géographique. Nous nous soumettons physiquement à l'Église en nous réunissant régulièrement avec les autres membres de l'Église. « N'abandonnons pas notre assemblée, comme c'est la coutume de quelques-uns », dit l'auteur de l'épître aux Hébreux

(Hé 10.25 ; voir aussi Ac 2.42-47). Rassemblons-nous chaque premier jour de la semaine (Ac 20.7 ; 1 Co 16.2).

À présent, permettez-moi de renchérir. Si vous le *pouvez* regardez « les autres comme étant au-dessus de vous-mêmes » et considérez les intérêts des autres en vivant près de votre église. Quand une personne vit à quelques pas de l'église et de ses membres, il est plus facile pour elle d'inviter des gens à manger, de garder les enfants des autres pendant qu'ils font des courses ou d'aller chercher du pain ou du lait pour quelqu'un d'autre. Autrement dit, il est plus facile d'intégrer sa vie quotidienne à celle des autres lorsqu'on vit près des autres, surtout à distance de marche.

Si un chrétien prévoit d'acheter une maison ou de louer un appartement, il est indiqué qu'il se pose les mêmes questions que les non-chrétiens (Quel est le coût ? Y a-t-il des écoles à proximité ?). Cela dit, les chrétiens feraient bien de se poser des questions additionnelles du genre :

- Le paiement de l'hypothèque ou du loyer va-t-il me permettre d'être généreux envers les autres ?
- Vivrai-je assez près des autres membres de l'Église pour qu'ils puissent être chez moi en peu de temps s'ils souhaitaient être reçus ou formés ?

Lors du dernier déménagement de ma famille, la question de la soumission sur le plan physique à une Église locale s'est résumée à un choix entre deux maisons, toutes les deux abordables, mais très différentes l'une de l'autre. La première maison était plus récente, mieux conçue et plus attrayante ; elle n'avait pas besoin de réparations et son prix était moins élevé. Pourtant, elle était située à 30 minutes de l'église en voiture, et aucun membre ne vivait à proximité. La seconde maison était plus ancienne et l'air s'y infiltrait ; la véranda et le sous-sol (qui avait été inondé à l'occasion) avaient besoin de nombreuses réparations, et son prix était plus élevé. Or, elle n'était située qu'à 15 minutes de l'église et à proximité d'une bonne dizaine de familles de l'Église (deux dizaines à présent). J'ai demandé conseil à plusieurs anciens qui m'ont dit de mettre en priorité les relations de l'Église. Cela signifiait que je devais choisir la maison la plus ancienne, la moins attrayante et la plus chère.

Heureusement, c'est le choix que nous avons fait et combien notre famille s'en est trouvée enrichie ! Ma femme rencontre les autres mères presque tous les jours et nos enfants, leurs enfants. Pendant un an et demi, je me suis réuni avec un frère de l'Église chaque matin de la semaine pour prier et lire la Bible. De plus, les familles de notre Église peuvent collaborer au service et à l'évangélisation des voisins.

Un chrétien se *doit*-il de déménager près des autres membres de son Église ? Non, la Bible ne l'ordonne pas, mais c'est une façon très concrète d'aimer son Église.

Jésus s'est-il soumis à Dieu sur le plan physique pour notre bien ? Il a quitté le ciel !

Socialement

En troisième lieu, nous devrions nous soumettre socialement. Nos Églises devraient être davantage que des clubs sociaux, mais elles ne devraient pas représenter moins qu'eux. Nos amis sont ceux que nous imitons et que nous suivons. Nous dépensons notre argent aux mêmes endroits qu'eux ; nous éduquons nos enfants comme ils éduquent les leurs ; nous prions comme ils prient. Nos amis nous façonnent, car nous nous imitons mutuellement (voir Ja 4.4 ; voir aussi 1 Co 15.33).

L'Église locale devrait être un lieu où les chrétiens se forment mutuellement grâce à la dynamique de l'amitié. Les amis chrétiens sont certainement précieux à l'intérieur comme à l'extérieur de l'Église locale. Cela dit, les amis d'une même Église seront façonnés par la même prédication de la Parole, ce qui leur permettra de mieux servir les autres en mettant ces enseignements en pratique tout au long de la semaine.

De même, l'Église devrait être un endroit sûr pour quiconque veut sortir de sa zone de confort social. Des amitiés devraient naître entre personnes jeunes et âgées, riches et pauvres, peu éduquées et instruites, et entre groupes ethniques.

Vous est-il déjà arrivé de penser : « Mais je ne peux pas être son ami. Il n'est pas comme moi. On a des origines différentes. On n'a pas les mêmes intérêts » ? Moi, oui. Considérez néanmoins ce que Paul répondrait à une telle réflexion : Jésus n'a pas considéré son égalité avec Dieu comme une proie à arracher, mais il s'est dépouillé lui-même de tout. Il était Dieu, contrairement à vous ! Puis il s'est fait humain, comme vous !

En imitant ce genre d'humilité, considérez les autres supérieurs à vous-même quand vous vous faites des amis. Recherchez leurs intérêts, pas les vôtres.

Affectueusement

Les liens affectifs sont l'une des composantes de l'amitié. Les chrétiens devraient soumettre leurs sentiments les uns aux autres. Qu'est-ce qui me procure joie ou chagrin ? Qu'est-ce qui me réjouit ou me peine ?

Écoutez ce que dit Paul aux Corinthiens : « [...] que les membres aient également soin les uns des autres. Et si un membre souffre, tous les membres souffrent avec lui ; si un membre est honoré, tous les membres se réjouissent avec lui » (1 Co 12.25b,26).

Aux Romains, il dira : « Par amour fraternel, soyez pleins d'affection les uns pour les autres ; par honneur, usez de prévenances réciproques » (Ro 12.10).

Il nous ordonne de nous réjouir avec le frère qui obtient une promotion, avec tout l'argent et le prestige qui l'accompagnent. Est-ce possible ? Il ordonne à la femme célibataire de 30 ans rêvant de mariage de se réjouir avec la femme de 22 ans qui se marie. Le peut-elle ? L'homme pauvre peut-il pleurer avec l'homme riche quand ce dernier perd son emploi ? Répondre par l'affirmative à ces questions, plutôt que de dire oui à l'ambition égoïste et à la vaine gloire, exige que l'on fasse appel à plus qu'aux sentiments. Cela exige un cœur transformé par l'Évangile et l'Esprit de Dieu.

Obéir aux commandements de Paul en aimant et en estimant les autres plus que soi-même indique que l'on connaît l'amour de celui qui n'a pas considéré son égalité avec Dieu comme une proie à arracher ; cela revient à aimer comme il aime.

Financièrement

Les chrétiens devraient se soumettre à leurs Églises locales sur le plan financier. Cela sera différent d'un contexte à l'autre, mais dans la pratique, les chrétiens devraient trouver des moyens d'honorer les ordonnances bibliques suivantes :

- « Pourvoyez aux besoins des saints. Exercez l'hospitalité » (Ro 12.13 ; voir aussi Ga 2.10 ; 1 Jn 3.17).
- « Pour ce qui concerne la collecte en faveur des saints, agissez, vous aussi, comme je l'ai ordonné aux Églises de la Galatie. Que chacun de vous, le premier jour de la semaine, mette à part chez lui ce qu'il pourra, selon sa prospérité, afin qu'on n'attende pas mon arrivée pour recueillir les dons » (1 Co 16.1,2 ; Ro 15.26).
- « De même aussi, le Seigneur a ordonné à ceux qui annoncent l'Évangile de vivre de l'Évangile » (1 Co 9.14, voir aussi 1 Co 9.11-13 ; Mt 10.10 ; Lu 10.7 ; Ga 6 6 ; 1 Ti 5.17,18.)

Professionnellement

Les chrétiens devraient soumettre leur profession à leur Église locale. Pour certains, cela signifie servir Dieu à temps plein. Pour chaque chrétien, cela signifie reconnaître que la vie de ses frères et sœurs a une durée éternelle, contrairement à son travail.

Je connais des hommes et des femmes qui, pour mieux servir leur Église locale, ont refusé des promotions et une augmentation, ont quitté de grandes entreprises pour travailler auprès de firmes plus petites et ont refusé de déménager dans une autre ville. Dans chaque cas, la personne a laissé passer l'occasion qui se présentait à elle, car elle savait que cette situation aurait compromis sa capacité de prendre soin de l'Église et de sa famille. J'ai aussi connu des gens qui ont refusé de travailler le dimanche ou qui ont quitté leur emploi quand on les a sommés de le faire, non parce qu'ils étaient des observateurs du sabbat, mais parce que l'Église se réunit le dimanche.

Par ailleurs, les meilleurs anciens d'une Église ne sont pas toujours les hommes qui se sont hissés au haut de l'échelle professionnelle, mais ceux qui sont prêts à la descendre, pour le bien de l'Église.

Moralement

Les chrétiens devraient se soumettre à leurs Églises locales sur le plan éthique. Cela ne signifie pas que l'Église devient leur autorité absolue, pas plus qu'un enfant ne devrait considérer ses parents de cette manière. En revanche, les chrétiens devraient attendre de l'Église un enseignement éthique, des conseils, de la responsabilisation et de la discipline dans les domaines évoqués dans la Parole de Dieu.

Paul écrit : « Frères, si un homme vient à être surpris en faute, vous qui êtes spirituels, redressez-le avec un esprit de douceur. Prends garde à toi-même, de peur que tu ne sois aussi tenté » (Ga 6.1). Jude dit : « Sauvez-en d'autres en les arrachant du feu » (Jud 23). L'Église locale est le lieu principal où l'on aide les autres croyants à lutter contre leurs péchés et où l'on s'ouvre pour recevoir une aide similaire.

Si un frère pèche contre toi, va le trouver et montre-lui sa faute (Mt 18.15). S'il écoute, tu auras gagné ton frère. Dans le cas contraire, prends avec toi deux ou trois témoins. S'il ne les écoute pas, présente le problème à l'Église (Mt 18.16,17).

Tout cela fait partie de la soumission morale à l'Église locale.

Spirituellement

Enfin, les chrétiens devraient se soumettre à l'Église locale sur le plan spirituel. Voici ce que j'entends par là :

- En premier lieu, cette communauté est l'endroit où nous devrions chercher à exercer nos dons spirituels. Paul fait la remarque suivante : « Or, à chacun la manifestation de l'Esprit est donnée pour l'utilité commune » (1 Co 12.7).

- En second lieu, l'Église locale est la communauté ou les chrétiens devraient s'édifier mutuellement dans la foi grâce à la Parole de Dieu. Jude écrit : « Pour vous, bien-aimés, vous édifiant vous-mêmes sur votre très sainte foi, et priant par le Saint-Esprit, maintenez-vous dans l'amour de Dieu, en attendant la miséricorde de notre Seigneur Jésus-Christ pour la vie éternelle » (Jud 20,21 ; voir aussi Ép 4.11-32 ; Hé 10.25).
- En troisième lieu, nous devons prier et intercéder régulièrement pour nos frères et sœurs en Christ.

SE SOUMETTRE À LA LAIDEUR

À vrai dire, les gens n'ont pas vraiment peur de se soumettre. Ils veulent juste se soumettre à la beauté, comme le héros courageux se porte volontaire pour aider la damoiselle en détresse.

Ce qu'il y a d'inattendu dans le christianisme, c'est que son héros ne risque pas sa vie pour une damoiselle, mais pour ce que la Bible compare à une prostituée. Puis il appelle tous ceux qu'il sauve à se soumettre à cette même prostituée, à savoir l'Église, la mariée qui s'apprête.

Il faut bien le reconnaître, se soumettre à la laideur est répugnant. Se soumettre à une Église locale peut parfois nous sembler ainsi. Les Églises sont remplies d'autres pécheurs dont la vision de la gloire est en contradiction avec la nôtre. Pourtant, c'est ainsi que le Christ nous a aimés : « Comme je vous ai aimés, vous aussi, aimez-vous les uns les autres » (Jn 13.34).

L'amour de Christ transforme merveilleusement la laideur en beauté (voir Ép 5.22-31). Notre amour mutuel devrait avoir les mêmes conséquences : permettre à la laideur de se changer en beauté.

Qui peut aimer de cette façon-là ? Seuls ceux dont les yeux ont été ouverts et les cœurs libérés de l'esclavage de l'amour du monde : « Si donc le Fils vous affranchit, vous serez réellement libres » (Jn 8.36).

Comment les membres d'une Église devraient-ils se comporter vis-à-vis des pasteurs ?

Chaque membre d'Église se tiendra un jour devant le trône de Dieu pour lui rendre compte de ce qu'il a fait afin de protéger l'Évangile dans la vie de ses frères et sœurs en Christ (voir Galates 1). Néanmoins, l'Esprit Saint a donné aux pasteurs et aux anciens la tâche de surveiller l'Église (Ac 20.28 ; Tit 1.7 ; 1 Pi 5.2). Cela signifie que les pasteurs ou les anciens assument la tâche de veiller à la vie quotidienne de l'assemblée chrétienne. Se soumettre à l'Église signifie souvent se soumettre à eux. Grosso modo, comment les membres d'une Église devraient-ils se comporter vis-à-vis des pasteurs ?

1. *Les membres devraient choisir officiellement leur pasteur.* Les traditions religieuses divergent sur ce point, mais étant donné que les chrétiens sont responsables devant Dieu de ce qu'on leur enseigne (voir Galates 1), les membres de l'Église sont, à mon sens, responsables de choisir leurs dirigeants. Les assemblées devraient laisser les anciens poursuivre ce processus, mais en se réservant la dernière décision. (Dans certains cas, l'autorité qu'a l'Église de choisir ses dirigeants est une autorité apostolique, dont elle a hérité au moyen des clés apostoliques ; voir Ac 14.23 ; voir aussi le rôle de l'assemblée dans Actes 1 et Actes 6).

2. *Les membres devraient honorer leurs pasteurs.* Notre culture semble de moins en moins capable de comprendre la signification d'honorer. Pourtant, de la même façon que la Bible demande aux enfants d'honorer leurs parents, les chrétiens doivent honorer leurs pasteurs. La Bible dit même qu'ils sont dignes d'un « double honneur » (1 Ti 5.17). Et cela inclut les payer (5.18).

3. *Les membres devraient se soumettre à leurs pasteurs.* Les deux versets suivants dans l'épître aux Hébreux doivent se greffer à notre compréhension de la vie

chrétienne : « Souvenez-vous de vos conducteurs qui vous ont annoncé la parole de Dieu ; considérez quelle a été la fin de leur vie, et imitez leur foi » (Hé 13.7). « Obéissez à vos conducteurs et ayez pour eux de la déférence, car ils veillent sur vos âmes dont ils devront rendre compte ; qu'il en soit ainsi, afin qu'ils le fassent avec joie, et non en gémissant, ce qui ne vous serait d'aucun avantage » (Hé 13.17).

4. *Les membres devraient prier pour leurs pasteurs.* Ces hommes consacrent leur vie à l'enseignement de l'Église et à ses soins. Ne profiterions-nous pas de prier pour eux ?

5. *Les membres devraient demander des comptes aux pasteurs qui se sont discrédités.* Compte tenu de leur poste, Paul protège les dirigeants en exigeant que deux ou trois témoins portent une accusation contre eux (1 Ti 5.19). Toutefois, l'assemblée *ne devrait pas* permettre à un ancien qui s'est discrédité de poursuivre son service.

6. *Les membres devraient expulser les pasteurs qui renient l'Évangile.* Lorsque de faux enseignants sont entrés dans l'Église de Galates, Paul n'a pas corrigé les anciens ; il a corrigé l'Église. Lorsque des pasteurs commencent à renier l'Évangile ou à enseigner des hérésies, Dieu appelle les membres de l'Église à les licencier.

7

QUE SE PASSE-T-IL LORSQUE DES MEMBRES NE REPRÉSENTENT PAS CHRIST ?

À la bibliothèque locale, on découvre dans le premier numéro du *U.S. News and World Report* publié après le 11 septembre 2001, la photographie d'un homme assis sur les marches du Capitole, tenant un drapeau américain à la main[1]. Il se nomme Hermono ou Mono, pour faire court. Mono n'a pas de nom de famille, de sorte que, sur son permis de conduire américain, on lit « Lnu » (qui signifie « nom de famille inconnu » dans la case où son nom devrait se trouver. Bien que citoyen indonésien, Mono est un fervent patriote américain.

Mono était en Amérique depuis plusieurs années lorsqu'un chrétien nommé Doug l'a rencontré sur l'esplanade du National Mall, à Washington, D. C. C'était le 4 juillet 2001, et Mono profitait du feu d'artifice. Doug avait d'autres projets en tête. Il a présenté l'Évangile à Mono. Chose remarquable, Mono l'a écouté et a cru son message. Il est né de nouveau.

Quelques mois plus tard, mon Église le baptisait et faisait de lui un membre. C'était officiel. « Alertez la presse et dites aux nations : "Voici un nouveau citoyen du royaume de Christ !" »

L'Église appréciait l'enthousiasme, la gentillesse et la générosité de Mono. Il lui est même arrivé d'acheter de la vaisselle pour inviter à dîner tous les hommes de l'Église qui avaient joué un rôle dans sa formation de disciple de Christ. Il aimait l'Église, et l'Église l'aimait.

À l'automne de cette année-là, après que Mono a adhéré à l'Église, les anciens ont appris qu'il travaillait illégalement dans le pays. Il leur avait menti sur sa situation et continuait de mentir à son employeur, qui le croyait immigrant reçu. Les gens ne s'entendaient pas sur la façon de réagir à cette situation, étant donné que le gouvernement américain de l'époque n'appliquait pas les lois relatives à l'immigration illégale. Une chose était claire cependant : les chrétiens ne doivent pas mentir à leur employeur en falsifiant leur statut. Jésus ne ment pas et ne persiste pas dans le mensonge ; ses représentants doivent faire de même.

Pendant des mois, l'Église a supplié Mono de se mettre en règle. L'Église l'a aidé financièrement, mais il refusait d'entreprendre les démarches requises. Parfois, il semblait qu'il allait se laisser convaincre, mais par la suite, il s'accrochait à l'idée de rester en Amérique à tout prix. C'était comme s'il aimait plus l'Amérique que la Parole de Dieu.

En fin de compte, l'Église consternée a dû le discipliner – ou l'excommunier – en raison de son refus de dire la vérité. Elle a donc déclaré qu'elle ne pouvait plus l'appeler « chrétien » et continuer de valider sa citoyenneté dans le royaume. Elle lui a demandé de ne plus prendre part à la sainte cène et lui a retiré son statut de membre.

Triste jour pour toute l'Église.

QU'EST-CE QUE LA DISCIPLINE D'ÉGLISE ?

Qu'est-ce que la discipline d'Église ? En termes généraux, la discipline d'Église fait partie du processus de formation du disciple. Elle sert à corriger un péché et à orienter un disciple vers une meilleure voie. Devenir *disciple* consiste, entre autres, à se soumettre à la *discipline*. Un chrétien apprend la discipline grâce à l'instruction et à la correction, tout comme dans une classe de mathématiques, le professeur enseigne la leçon et corrige ensuite les erreurs des élèves. De façon informelle, la discipline d'Église s'amorce par une simple parole d'exhortation confidentielle à l'intention d'un frère qui vit dans le péché.

Quand elle se précise et devient formelle, la discipline d'Église consiste à retirer son adhésion à un membre de l'Église et à lui refuser sa participation à la sainte cène. L'Église n'interdit pas à la personne d'assister à ses réunions publiques. En fait, elle souhaite que la personne vienne entendre la prédication de la Parole de Dieu. En revanche, l'Église déclare qu'elle ne peut plus valider la profession de foi de la personne et refuse donc qu'elle participe à la sainte cène. Cela revient à l'excommunier ou à lui refuser la communion.

Outre Matthieu 18 (voir le chapitre 3), le passage le plus connu sur la discipline ecclésiale est peut-être 1 Corinthiens 5. Là, Paul reproche à l'Église de Corinthe d'être « *[enflée]* d'orgueil » au point de tolérer un homme qui couchait avec la femme de son père. Il lui demande alors d'excommunier cet homme (1 Co 5.2), de le « juger » (1 Co 5.12), d'ôter le méchant du milieu de l'Église (1 Co 5.13) et de livrer cet homme à Satan (1 Co 5.5), c'est-à-dire de le livrer au royaume de Satan, qui n'est autre que le monde. On ne peut plus le considérer comme un citoyen du royaume de Dieu, dans la mesure où il vit de cette façon-là.

N'oubliez pas qu'être membre d'une Église revient à représenter Christ. La discipline s'impose donc lorsqu'une personne outrage le nom de Christ par son comportement.

QUEL EST LE BUT DE LA DISCIPLINE D'ÉGLISE ?

La discipline d'Église a au moins cinq buts. Tout d'abord, elle vise à *exposer*. Tout comme le cancer, le péché aime se dissimuler. La discipline expose ce véritable cancer afin qu'il puisse être ôté rapidement (voir 1 Co 5.2).

En second lieu, la discipline vise à *mettre en garde*. Une Église n'exécute pas le jugement de Dieu par l'intermédiaire de la discipline. Au contraire, elle met en scène une petite pièce représentant le grand jugement à venir (1 Co 5.5).

En troisième lieu, elle vise à *sauver*. Les Églises enclenchent la discipline lorsqu'elles voient qu'un membre s'engage sur un chemin menant à la mort et qu'aucune de leurs supplications et aucun de leurs avertissements ne le fait changer d'avis. C'est le dispositif de dernier recours (1 Co 5.5).

Quatrièmement, la discipline vise à *protéger*. Tout comme le cancer se propage d'une cellule à l'autre, le péché se propage rapidement d'une personne à l'autre (1 Co 5.6).

Cinquièmement, elle vise à présenter *un bon témoignage de Jésus-Christ*. Cela peut sembler étrange, mais la discipline d'Église est en fait bénéfique aux non-chrétiens, car elle contribue à préserver le caractère attrayant et distinctif du peuple de Dieu (voir 1 Co 5.1). N'oubliez pas que les Églises doivent être le sel et la lumière de la terre. « Vous êtes le sel de la terre. Mais si le sel perd sa saveur, avec quoi la lui rendra-t-on ? Il ne sert plus qu'à être jeté dehors, et foulé aux pieds par les hommes », a dit Jésus (Mt 5.13).

Mono a dissimulé son péché dans l'obscurité. Il ne tenait pas à ce que son mensonge soit exposé. Quand il a été mis en lumière, Mono n'a pas voulu le reconnaître comme un péché. Il a voulu le traiter comme une chose « inévitable » ou « nécessaire » ou « pas si mauvaise que ça ». Or, il s'était égaré, car son cœur voulait quelque chose de plus que Jésus et sa Parole.

Dans sa bienveillance, l'Église n'a pas voulu le laisser s'égarer ou en leurrer d'autres. L'Église a donc cherché à l'avertir, à le sauver et à protéger les jeunes croyants qui auraient pu être tentés de défendre le mensonge comme étant raisonnable ; elle a voulu aimer son prochain en préservant la caractéristique distinctive de l'Église.

Par la discipline, l'Église lui a révélé son véritable amour en lui laissant subir les conséquences de ses propres choix. En fin de compte, l'Église n'a rien fait de plus que de déclarer : « Tu ne choisis pas Jésus-Christ ; tu n'es donc pas son disciple. »

L'objectif sous-jacent à tout acte de discipline doit bien sûr être l'amour : *amour pour la personne, amour pour l'Église, amour pour le monde qui observe et amour pour Christ.*

Après tout, Dieu « châtie celui qu'il aime, et il frappe de la verge tous ceux qu'il reconnaît pour ses fils » (Hé 12.6). En s'abstenant de discipliner, on prétend aimer mieux que Dieu.

Notre Dieu bienveillant sait que la discipline génère vie, croissance et santé : « Nos pères nous châtiaient pour peu de jours, comme ils le trouvaient bon ; mais Dieu nous châtie pour notre bien, afin que nous participions à sa sainteté » (Hé 12.10). Certes, la chose est douloureuse, mais elle rapporte gros : « Il est vrai que tout châtiment semble d'abord un sujet de tristesse, et non de joie ; mais il produit plus tard, pour ceux qui ont été ainsi exercés, un fruit paisible de justice » (Hé 12.11).

À QUEL MOMENT L'ÉGLISE DEVRAIT-ELLE PRATIQUER LA DISCIPLINE D'ÉGLISE ?

En bref, l'Église devrait pratiquer la discipline ecclésiale lorsque l'un de ses membres pèche. Les membres de l'Église devraient apprendre l'art de faire face au péché en privé et avec tendresse. Cela ne veut pas dire qu'on doit prendre un marteau et frapper son frère chaque fois qu'il commet la moindre infraction. Bien souvent, il est préférable de ne rien dire. Toutefois, quand on dit quelque chose, il est indiqué de commencer par poser des questions, en veillant à établir les faits et en accordant à la personne le bénéfice du doute. Cela dit, les Églises devraient cultiver le genre de relations où la correction informelle est invitée et reçue comme un acte d'amour.

La discipline officielle de l'Église en tant qu'assemblée est réservée au péché dont l'importance est telle que l'Église n'est plus en mesure de valider la profession de foi du coupable. Bien que ce dernier continue à se dire chrétien et représentant de Christ, ses paroles et ses actes ne sont plus crédibles en raison de la nature de son péché.

Disons-le ainsi : il y a quelque part une limite qui sépare les péchés et les habitudes pécheresses auxquels on s'attend des chrétiens, et les péchés et les habitudes pécheresses qui laissent croire que quelqu'un n'est pas chrétien. La discipline d'Église est justifiée quand une personne franchit cette limite. Il ne s'agit pas de laisser libre cours à son irritation personnelle, mais d'inviter l'Église à examiner et à reconnaître qu'une certaine pratique est compromettante. Les paroles du coupable et sa profession de foi ne sont plus crédibles. Il peut prétendre être « contrit », ou « bien aller » ou avoir l'impression « de ne pas désobéir *à ce point* », mais pour une raison quelconque, l'Église ne peut plus le croire. L'Église lui retire donc sa validation publique en lui interdisant de prendre part à la sainte cène. Cela revient à lui retirer son passeport et à déclarer qu'elle ne peut plus ratifier sa citoyenneté dans le royaume de Christ.

On pourrait dire, par exemple, qu'il y a une différence entre un mensonge occasionnel dont on se repent et un mensonge sur lequel on construit sa vie et auquel on refuse de renoncer. Ce dernier caractérisait Mono.

Cela signifie-t-il que les Églises doivent connaître le cœur des gens ? Bien sûr que non. Dieu ne nous a pas donné une vision radiographique. Toutefois, Dieu appelle les Églises à considérer le fruit que portent ses adhérents et à en juger (Paul utilise précisément ce terme : 1 Co 5.12 ; voir Mt 3.8 ; 7.16-20 ; 12.33 ; 21.43).

Peut-on dire quelque chose de plus concret concernant cette limite ? Je pense pouvoir affirmer que la discipline officielle de l'Église est nécessaire en cas de péché *manifeste* et *grave*, dont la personne ne se *repent* pas. Tout d'abord, un péché doit se *manifester*. Les Églises ne doivent pas agiter le drapeau rouge chaque fois qu'elles soupçonnent l'avidité ou l'orgueil dans le cœur d'un de ses membres. Il faut le voir de ses yeux ou l'entendre de ses oreilles.

Deuxièmement, un péché doit être *grave*. On ne doit pas imposer la discipline pour tous les péchés. L'Église doit permettre à l'amour de couvrir « une multitude de péchés » (1 Pi 4.8). Heureusement que Dieu ne nous discipline pas chaque fois que nous péchons !

Enfin, la personne doit être *impénitente*. On a présenté les exhortations de l'Écriture à la personne impliquée, mais elle a refusé d'abandonner son péché. De toute évidence, la personne aime son péché plus que Dieu.

Il y a cependant certains cas où une personne peut présenter des excuses et prétendre s'être repentie, mais où l'Église peut légitimement décider de persévérer dans la discipline. Je crois que cela est acceptable lorsque, pour une raison ou pour une autre, l'Église ne peut tout simplement pas croire les paroles du fautif. Peut-être que le mensonge caractérise cette personne. Peut-être que le coupable a commis des péchés de façon si délibérée (p. ex. : des sévices à répétition ou un meurtre prémédité) ou que ses fautes étaient si odieuses (p. ex. : un viol) que l'Église refusera de croire les excuses qu'il balbutiera rapidement. Ce n'est pas que de tels péchés ne peuvent être pardonnés, c'est que l'Église a besoin de temps pour constater le fruit de la repentance avant de pouvoir pardonner au coupable de façon responsable (voir l'exemple dans Actes 8.17-24). En revanche, quand l'Église a acquis la conviction qu'une personne s'est vraiment repentie, elle ne devrait pas poursuivre la discipline à proprement parler (et je ne peux pas penser à une seule exception à ce principe).

COMMENT UNE ÉGLISE DEVRAIT-ELLE PRATIQUER LA DISCIPLINE D'ÉGLISE ?

Matthieu 18 décrit le processus de base de la discipline d'Église : s'adresser à la personne en privé, en groupe, puis en assemblée. Jésus se préoccupe surtout d'impliquer le moins de personnes possible pour produire la réconciliation.

Parfois, le processus de discipline doit être très lent, comme dans le cas où le fautif souhaite lutter contre son péché. Le processus de discipline doit parfois s'accélérer, comme dans 1 Corinthiens 5, où le péché est flagrant et l'homme, apparemment impénitent.

De même, ce n'est pas juste la nature du péché qui doit être examinée, mais la nature du pécheur. Pour parler franchement, à chaque pécheur correspond une stratégie spécifique (1 Th 5.14).

Les membres d'Église se demandent souvent comment interagir avec une personne qui a été l'objet de mesures disciplinaires. Le Nouveau Testament aborde cette question dans un certain nombre de contextes (1 Co 5.9,11 ; 2 Th 3.6,14,15 ; 2 Ti 3.5 ; Tit 3.10 ; 2 Jn 10). Le conseil de base que donnent les anciens de mon Église à la personne qui s'interroge ainsi, c'est que ses relations avec la personne disciplinée devraient changer considérablement. Leurs interactions ne devraient pas être décontractées, mais produire des conversations qui se centrent sur le repentir. Les membres de la famille du coupable devraient certainement continuer de s'acquitter de leurs obligations familiales envers lui (voir Ép 6.1-3 ; 1 Ti 5.8 ; 1 Pi 3.1,2).

À quel moment la restauration du pécheur se produit-elle ? Quand il se repent. Parfois, la repentance est évidente, comme lorsqu'un homme a abandonné sa femme. Il doit revenir chez lui. Parfois, les choses ne sont pas si évidentes, comme lorsqu'une personne est prise dans un cycle de dépendance. Beaucoup de sagesse s'impose alors.

Une fois qu'une Église décide de restaurer la personne repentante à la communion fraternelle et à la sainte cène, il ne devrait pas y avoir de période de probation et l'on ne devrait pas traiter la personne comme un citoyen de seconde zone. En revanche, l'Église devrait prononcer publiquement son pardon (Jn 20.23), valider son amour pour la personne repentante (2 Co 2.8) et célébrer l'événement (Lu 15.24).

PLUS SAGE QUE LA SAGESSE HUMAINE

Lorsque les Églises commencent à pratiquer la discipline, elles se trouvent souvent devant des situations complexes que la Bible n'aborde pas. Toutefois, la préoccupation première de l'Église doit être de protéger la réputation de Christ. Elle doit donc se demander sérieusement si elle peut continuer à valider la profession verbale d'une personne dont la vie représente mal Christ. Protéger la réputation du Seigneur est effectivement la meilleure façon d'aimer le pécheur, l'Église et les nations.

Cette façon d'agir s'est avérée la plus aimante pour Mono et l'Indonésie. Quelque temps après son excommunication, Mono s'est senti coupable de péché. Il a acheté un billet d'avion pour rentrer en Indonésie. Environ un an plus tard, il a envoyé ce courrier électronique à l'un des pasteurs de mon Église :

Andy,

Je vous remercie pour le message très encourageant que vous m'avez écrit. Merci à l'Église de se souvenir de moi et de continuer à prier pour moi. Je reconnais que j'ai quitté l'Église sans m'être occupé de mon péché ; le plus triste, c'est que je l'ai pris à la légère. J'aurais dû apprendre à m'humilier et à chercher à me réconcilier avec vous. Sommes-nous ennemis les uns des autres ? Non, nous sommes des frères en Christ. J'ai été trop fier et trop têtu. Mon orgueil m'a conduit à penser que Dieu seul pouvait résoudre l'affaire sans que j'aie besoin de prendre mes responsabilités. J'ai donc suivi ma propre voie. Résultat : je n'ai pas trouvé la paix… Je sais pourquoi Dieu m'a ramené à la maison, car des récompenses éternelles m'y attendaient. J'aimerais vous décrire le genre de relation que j'ai avec lui aujourd'hui. C'est trop beau pour être décrit… Andy, j'ai prié pour que cette réconciliation ait lieu, mais je vous prie de me montrer comment cela est possible. Il me tarde d'être réuni avec ma famille de nouveau. Enfin, je vous prie de remercier tous les membres de l'Église et tous les anciens. Vous me manquez tous.

Affectueusement,
Mono

C'est avec joie que notre Église lui a envoyé la réponse suivante :

Mono,

Nous nous sommes réjouis d'être de nouveau en contact avec vous. Sachez que, lors de la réunion des membres de l'Église qui a eu lieu hier soir, nous avons lu une partie de votre courrier électronique... Chacun a été touché et encouragé par vos paroles et vos actes.

Les membres ont adopté à l'unanimité la motion suivante des anciens :

Motion : Les anciens de la Capital Hill Bible Church sont heureux de recommander aux membres de la CHBC de reconnaître avec gratitude le repentir de notre frère Mono. Nous lui pardonnons officiellement ses actes envers nous, et nous renouvelons devant tous l'expression de notre communion avec lui et de notre amour pour lui en tant que frère en Christ. Nous faisons tout cela avec une immense gratitude envers Dieu pour sa fidélité à sa Parole et à ceux qui l'honorent par leur obéissance.

Ensuite, toute l'assemblée a demandé à Dieu de bénir votre vie ainsi que votre travail.

Que Dieu continue de vous encourager et de soutenir vos efforts pour le suivre.

Votre frère en Christ,
Andy

Aujourd'hui, Mono évangélise parmi un groupe de musulmans en Indonésie.

L'Église a donc agi, Mono s'est repenti, Dieu a été glorifié et, désormais, un peuple qui se trouve à l'autre bout du monde en retire les bénéfices.

La folie de Dieu n'est-elle pas plus sage que la sagesse des hommes ?

Jésus règne.

Quand la soumission n'est-elle pas appropriée ?

Chacun de nous sera parfois appelé à supporter humblement les erreurs et les péchés d'un dirigeant. Néanmoins, si le leadership de votre Église est caractérisé par l'abus de pouvoir, je vous conseillerais de fuir dans la plupart des cas. Fuir pour protéger votre vie de disciple, pour garder votre famille, pour donner le bon exemple aux membres laissés derrière, et pour faire savoir au voisinage non chrétien que cette Église manque de crédibilité.

Comment reconnaître un leadership abusif ? Paul requiert la présence de deux témoins pour qu'une accusation soit portée contre un ancien (1 Ti 5.19), probablement parce qu'il savait que les dirigeants seraient accusés de maladresses plus que les autres, et souvent injustement. Cela dit, les Églises et les leaders chrétiens qui abusent de leur pouvoir présentent les *caractéristiques* suivantes :

- Ils transforment en dogmes des sujets sur lesquels la Bible est silencieuse ;
- Ils comptent sur l'intelligence, l'humour, le charme, la culpabilité, les émotions ou les menaces plutôt que sur la Parole de Dieu et la prière (voir Actes 6.4) ;
- Ils ont font preuve de favoritisme ;
- Ils punissent ceux qui ne sont pas d'accord avec eux ;
- Ils emploient des formes extrêmes de communication (accès de colère, supplice du silence) ;
- Ils recommandent des façons de procéder qui permettent toujours, d'une manière ou d'une autre, d'améliorer leur propre situation, même au détriment des autres ;
- Ils parlent souvent et prennent rapidement la parole ;
- Ils font rarement de bonnes actions en secret ;
- Ils encouragent rarement les autres ;
- Ils accordent rarement le bénéfice du doute à autrui ;

- Ils mettent l'accent sur la conformité extérieure, plutôt que sur la repentance du cœur ;
- Leur prédication, leurs conseils, leurs enseignements et leur manière de diriger l'Église ne se fondent jamais sur tout ce que Christ a fait dans l'Évangile et ne glorifient pas Dieu.

8

L'ADHÉSION À L'ÉGLISE DOIT-ELLE TOUJOURS REVÊTIR LA MÊME FORME ?

L'Église dont je vous parle n'a pas de nom et pas de bâtiment. Elle n'est pas enregistrée auprès de la Ville, car le gouvernement ordonnerait sa fermeture s'il était au courant de son existence.

Les réunions ont lieu chez un membre de l'Église, dans une ville d'Asie centrale où presque tout le monde est musulman. L'assemblée se compose de huit à dix membres ; elle ne croîtra jamais au-delà de vingt. Le cas échéant, elle devra se scinder. Les maisons sont trop petites et, qui plus est, les autorités de la ville et les dirigeants musulmans ont les chrétiens dans le collimateur.

L'Église se réunit chaque dimanche avec ses deux anciens, « Frank » et « Hanz », pour prier, chanter et étudier la Bible. Ces deux hommes se sont convertis depuis une dizaine d'années et ont appris de deux ou trois missionnaires la plupart de ce qu'ils savent sur la Bible.

La question que nous posons dans ce chapitre est la suivante : l'Église de Frank et de Hanz devrait-elle pratiquer l'adhésion à la manière d'une Église située dans une grande ville, comme celle que je fréquente à Washington ? L'adhésion à l'Église doit-elle revêtir la même forme partout ?

LES TRAITS COMMUNS

La réponse à la question précédente est à la fois oui et non. Commençons par le oui. L'adhésion aura la même forme partout, parce que les membres *sont* l'Église locale établie par Jésus. En outre, Jésus a donné à toutes les Églises en tout lieu les *mêmes outils* pour accomplir la *même tâche*.

- La tâche : être une communauté très distincte, qui, par ses caractéristiques uniques, bénit les nations et récolte des éloges pour le Père céleste (Mt 5.3-16).
- Les outils : l'autorité de préserver l'Évangile, de valider les professions de foi crédibles, de superviser la vie des disciples de Christ, d'enseigner aux disciples tout ce qu'il a prescrit et d'exclure de l'Église les faux enseignants (Mt 16.13-19 ; 18.15-20 ; 28.18-20).

En outre, l'adhésion aura la même apparence partout dans le monde, parce que toutes les Églises se trouvent *dans le même contexte* : en territoire ennemi. Les Églises locales, ne l'oubliez pas, sont des ambassades. Elles ne sont pas situées en territoire neutre ou amical, mais derrière les lignes ennemies. C'est pourquoi Paul, dans 1 Corinthiens 5, assimile l'excommunication de l'homme surpris en adultère avec le fait de le livrer à Satan. Satan est le prince de ce monde et les royaumes du monde lui appartiennent temporairement (Jn 12.31 ; 14.30 ; Mt 4.8,9).

Or, Satan utilise différentes tactiques dans divers lieux pour saper le royaume de Christ. Le christianisme culturel est l'une de ses tactiques préférées en Occident. La marque américaine de christianisme culturel est issue d'adultes bien intentionnés, qui distribuent une grâce bon marché tant à des enfants de cinq ans qu'à des adultes de vingt-cinq ans. Ils demandent aux enfants s'ils veulent aller au ciel avec maman et papa ou ils recommandent aux jeunes de répondre à l'appel de l'évangéliste. En réalité, ils jouent sur leurs peurs, leurs émotions ou leurs désirs afin d'obtenir des professions de foi rapides et superficielles. Ensuite, ils valident aussitôt ces professions de foi. La marque européenne de l'Église établie est, en revanche, beaucoup plus civilisée : on vous livre une grâce bon marché avec votre certificat de naissance !

L'ingéniosité de ces tactiques, c'est qu'elles permettent à Satan d'immuniser cette population contre le christianisme véritable. Il est presque impossible de présenter l'Évangile à un chrétien « culturel », parce qu'il y acquiesce déjà en principe. « Oui, je crois *ça*. » Néanmoins, il ne fait preuve d'aucun repentir. Il se contente d'immerger une version un peu aseptisée de son ancien moi dans le christianisme.

L'autre grand danger du christianisme culturel, c'est qu'il leurre les Églises en leur faisant croire qu'elles ne vivent pas en territoire ennemi. Les Églises ont l'impression que leur pays est leur demeure, qu'elles y sont en sécurité.

En revanche, Satan utilise des tactiques très différentes dans d'autres pays. Dans l'État de l'Odisha, en Inde, il a mobilisé une foule hindoue, qui s'était rassemblée de manière illégale, pour incendier une église. Dans la ville d'Asie centrale où œuvrent Frank et Hanz, il utilise les autorités locales pour infiltrer les rassemblements religieux, confisquer leur matériel et emprisonner les pasteurs. Dans certaines régions d'Afrique, il mêle les cultes ancestraux et les religions traditionnelles à l'Évangile, et transforme celui-ci en quelque chose de différent.

Comme les êtres humains vivent dans des corps physiques, leurs yeux ont tendance à se fixer sur des signes extérieurs ; pourtant, les choses les plus importantes ne sont jamais perçues avec les yeux. Il importe de comprendre que toutes les Églises du monde sont situées en territoire ennemi. Il n'y aura aucune Terre sainte et aucun temple sacré sur la planète avant le retour de Jésus-Christ.

Où que l'on aille, indépendamment de l'année, l'Église locale protège l'Évangile contre toutes sortes d'attaques en prenant bien soin de n'accueillir que les véritables membres. Chaque Église doit poser aux membres potentiels les questions suivantes fondamentales : qui est Jésus selon vous ? Êtes-vous sûr d'être vraiment prêt à prendre votre croix et à vous identifier à lui et à son corps ?

LA DIVERSITÉ

D'après ce que j'ai déjà dit, il devrait être clair que les Églises font face à différents défis, selon l'endroit. Elles ont la même tâche et les mêmes outils, mais leurs structures ou leurs stratégies peuvent revêtir une forme différente.

Complexité sociétale

Dans un premier temps, plus la société est grande et complexe, plus il est difficile de valider des professions de foi crédibles et de surveiller les professants. Les facteurs suivants rendent la tâche des surveillants encore plus difficile : emplois à court terme, mobilité sociale, taille de l'Église, étalement urbain, horaires de travail exigeants, pluralisme religieux, préjugés ethniques, multiconfessionnalisme, hérésies vieilles de plusieurs siècles, fausses Églises, « butinage », tendances culturelles telles que l'individualisme et le matérialisme, etc. Plus la société devient complexe, plus il est difficile de savoir qui se trouve de quel côté.

Êtes-vous disciple de Christ ? Je l'ignore. Vous ne venez à l'église que le dimanche matin, et vous vivez à trente minutes de là. J'ignore quel genre de vie vous menez durant la semaine.

Vous butinez d'une église à l'autre depuis des années. Vous prétendez aimer Jésus, mais de quel Jésus parlez-vous ? Il en existe une centaine de versions...

Faveur ou défaveur sociétale

La position générale de la société envers le christianisme affecte également la capacité qu'a l'Église de valider et de superviser les professions de foi. Ironie du sort, il peut être plus facile à certains égards d'authentifier et de superviser des chrétiens dans une société qui s'oppose ouvertement à l'Évangile. Il suffit de penser à la Palestine du premier siècle ou aux pays musulmans actuels. Dans ces endroits, la société déploie de grands efforts pour dissuader quiconque de s'identifier à une Église. C'est ainsi que les candidats au baptême sont moins susceptibles d'agir pour recevoir l'approbation sociale.

À présent, pensez à une société où le christianisme culturel est commun. Le baptême et l'adhésion sont encouragés. Les enfants reçoivent les louanges de leurs parents. Les adultes obtiennent une liste élargie de clients potentiels pour leur emploi en vente ou leur cabinet d'avocats.

Ces différences influenceront, à mon sens, la taille de la structure dont une Église devra se doter pour s'acquitter de sa tâche avec les outils que Christ lui a donnés. La prudence est de rigueur, et elle n'est jamais une science exacte. De manière générale, cependant, je pense que plus le christianisme bénéficie de la faveur de la société, et plus celle-ci est complexe, plus une Église a besoin de structure.

Dans une société complexe, les cours d'adhésion pour les membres, par exemple, vous aident à savoir exactement quel Jésus une Église sert. L'entretien d'affiliation formel aide l'Église à voir de quel Jésus le candidat parle. Tant les classes que les entretiens contribuent donc à définir les attentes de chacun.

En outre, dans une société complexe, les listes de membres permettent aux Églises de faire le suivi de gens répartis sur de vastes régions métropolitaines. Elles aident les assemblées et leurs dirigeants à savoir de qui ils sont responsables.

En revanche, dans une société plus simple qui n'est pas favorable au christianisme, des choses comme les cours en vue de l'adhésion et les listes de membres peuvent être inutiles et même gênantes. En fait, les listes de membres peuvent être dangereuses si elles tombent dans de mauvaises mains. Jésus a cependant donné à ces Églises les mêmes outils qu'aux autres pour qu'elles se distinguent des non-croyants. Voyons si je peux illustrer ma pensée au moyen de la situation de nos amis d'Asie centrale.

LA BASE BIBLIQUE

Dans l'Église de Frank et de Hanz, une personne devient un membre de l'Église lorsqu'elle se fait baptiser. Cependant, le baptême fait toujours suite à des entretiens échelonnés sur plusieurs semaines avec les anciens et l'Église. Ces entretiens n'ont pas lieu dans les bureaux d'une église, car les églises n'existent pas. Ils se produisent au cours de promenades et autour de bols de riz pilaf. En vérité, ils ressemblent plus à des conversations qu'à des entrevues, mais leur but est le même : s'assurer qu'un professant comprend l'Évangile et est repentant.

Ensuite, on invite la personne à faire sa profession de foi devant toute l'assemblée ; là, les membres de l'Église lui posent des questions. Les anciens animent la discussion, mais ils encouragent la participation de chacun, car cela permet à chacun de clarifier sa compréhension de l'Évangile.

L'assemblée ne vote jamais, mais à la longue, décide d'un commun accord si le candidat est un chrétien authentique ou s'il a besoin d'un peu plus de temps pour démontrer la sincérité de sa foi. Dans une communauté musulmane, on s'attend à voir des changements dans la vie des gens qui se sont convertis ; l'Église cherche donc à constater l'évidence de la conversion. Personne ne s'attend à ce que le candidat soit parfait, mais on veut voir le début d'une repentance et surtout la volonté de s'identifier publiquement devant l'Église en tant que disciple de Christ.

En guise d'étape finale, l'Église valide le candidat par le baptême : celui-ci est alors accueilli officiellement dans l'assemblée. Bien sûr, du point de vue de la logistique, les baptêmes sont difficiles à réaliser dans ce pays. Parfois, ils se font dans un étang ou une rivière assez loin de la ville, bien que j'aie eu le privilège d'assister à un baptême ayant eu lieu dans la pataugeoire d'un homme plus aisé.

Je crois que cette petite assemblée d'Asie centrale obéit aux injonctions bibliques. Elle n'a pas toutes les structures de mon Église, mais je suis d'avis qu'elle remplit les critères du Nouveau Testament quant à l'adhésion biblique à une Église.

- Tous savent qui fait partie de l'Église, même s'il n'existe aucune liste officielle des membres. Ils savent qui s'est repenti, qui a cru et qui n'a pas cru, car ils étaient tous présents au baptême de ceux qui se sont joints à l'Église après eux. Ils préservent aussi la sainte cène pour que l'Église se distingue clairement du monde.
- L'Église considère soigneusement les professions de foi pour s'assurer de leur véracité, même s'il n'y a pas de classes d'adhésion formelle ou d'entretiens avec les membres. En outre, aucun culte ou fausse Église n'a offert au candidat une autre sorte de Jésus ou de repentir, pour l'instant.
- Tous les membres, y compris les anciens, se soumettent à la supervision de toute l'Église, même s'il n'y a pas de votes de l'Église. Un consensus est facile à reconnaître dans un groupe de quinze ou vingt personnes.
- L'Église pratique la discipline tant pour maintenir sa pureté que pour témoigner son amour à la personne égarée.

Dans toutes ces choses, le nom et la réputation de Christ sont préservés et établis.

UN MODÈLE TRÈS DIFFÉRENT ?

À première vue, le processus d'adhésion à mon Église de Washington peut sembler très différent de celui d'une Église d'Asie centrale. Il faut commencer par suivre six cours en vue de l'adhésion. Ceux-ci portent sur la déclaration d'engagement des membres, la déclaration de foi de l'Église, son histoire, son œuvre d'évangélisation et d'autres éléments de la vie de l'assemblée.

Si, après avoir franchi ces étapes, vous voulez toujours y adhérer, vous demandez un entretien d'adhésion auprès d'un ancien pour lui faire part de votre témoignage et lui expliquer l'Évangile. Un certain pasteur est reconnu pour demander aux candidats de lui expliquer l'Évangile « en 60 secondes ou moins » ! À l'issue de l'entrevue, on vous demandera de signer la déclaration d'engagement des membres et la déclaration de foi de l'Église.

L'ancien, qui a passé la durée de l'entrevue à remplir un formulaire d'adhésion, photocopie le formulaire pour chaque ancien, qui est tenu de le lire avant la prochaine réunion des anciens. Les anciens étudient votre demande ensemble, votent en respectant les règles de procédure des assemblées délibérantes, et la soumettent à l'Église lors de sa prochaine assemblée bimestrielle. Après qu'un ancien a fait une présentation PowerPoint de deux minutes à votre sujet (votre photo à l'appui), l'assemblée se prononce également sur votre compte, toujours en suivant méticuleusement les règles de procédure.

Si vous êtes élu membre, votre nom paraîtra sur la liste des membres et vous recevrez une trousse d'adhésion contenant une foule d'outils accessoires. Tout cela semble assez bureaucratique, n'est-ce pas ? En outre, aucune de ces étapes ne provient de la Bible.

En fait, je dirais que, de nos jours, dans la plupart des villes sécularisées, une Église *ne peut tout simplement pas* faire ce que la Bible lui ordonne de faire (authentifier et surveiller des citoyens du royaume de Christ) sans se doter d'un ensemble de structures *semblables* aux nôtres, bien qu'elles ne doivent pas y être identiques. Peut-être une Église veut-elle exiger que chaque membre potentiel fasse une promenade de quatre heures dans un parc avec un ancien et quelques autres membres afin de passer en revue toutes les questions émergeant du cours et de l'entrevue ? Peut-être une Église veut-elle exiger de ses membres qu'ils mémorisent les noms au lieu de les écrire ?

L'idée maîtresse, c'est qu'il doit y avoir une sorte de conversation à un moment donné avant qu'une alliance ne soit établie entre une personne qui se dit chrétienne et une Église. De plus, une Église a besoin de savoir qui sont ses membres. Après tout, Jésus nous a dit de faire bien attention à *l'ensemble* de ses brebis

En bref, je crois que les différences entre les modèles asiatiques et américains sont essentiellement superficielles Les deux visent les mêmes objectifs : la proclamation, la manifestation et la protection de l'Évangile par la vie de ses membres authentifiés de manière officielle.

UNE QUESTION D'ADHÉSION OU DE VIE CHRÉTIENNE ?

Dans l'Église de Frank et de Hanz, les facteurs contextuels simplifient les structures d'adhésion. On m'a dit un jour : « Il est relativement facile de savoir qui fait partie et qui ne fait pas partie de l'Église. La chose est devenue encore plus claire au cours des dernières descentes de la police durant des rencontres de l'Église, ce qui a attiré l'attention sur ces chrétiens comme jamais. »

Le plus grand défi pour Frank et Hanz consiste à enseigner aux membres de l'Église leurs nouvelles obligations mutuelles, ainsi que le but de la discipline ecclésiale. Pour eux, cependant, ces leçons concernent autant l'adhésion à l'Église que la vie chrétienne en général. La vie chrétienne et l'adhésion à l'Église coïncident presque parfaitement pour ces deux hommes. Ces deux réalités sont une seule et même chose.

Il devrait en être ainsi pour nous.

CONCLUSION

Comment l'adhésion à l'Église locale définit l'amour

C'est par la vie de ses membres que l'Église locale définit l'amour pour le monde.

Voilà une bonne nouvelle, car de nos jours, le monde est assez perplexe quant à la définition de l'amour. Il pense que l'amour est comme une masse de gélatine, dépourvue de centre, de membres et de cadres. Il considère que l'amour n'est assujetti à aucune condition, à aucune attente, à aucune norme à aucun jugement. Même dans les milieux chrétiens, on oppose l'amour à la loi et à la vérité, divisant ainsi le monde en deux camps : ceux qui sont caractérisés par la vérité et ceux qui sont caractérisés par l'amour.

Le seul problème, c'est que l'amour de Jésus-Christ n'est pas ainsi. Jésus démontre son amour par un acte miséricordieux, puis il appelle les bénéficiaires de sa miséricorde à la liberté de l'obéissance.

- Tout d'abord, son amour est un acte miséricordieux : « Il n'y a pas de plus grand amour que de donner sa vie pour ses amis », a dit Jésus (Jn 15.13).

- Ensuite, il est un appel à l'obéissance : « Si vous m'aimez, gardez mes commandements » (Jn 14.15).

Voilà une combinaison que le monde ne comprend pas, mais c'est l'amour de Dieu : amour et sainteté ne sont pas opposés l'un à l'autre, mais s'unissent pour conduire les gens à Dieu.

Le Roi Jésus appelle ensuite les Églises à manifester au monde son amour miséricordieux et obéissant. « Je vous donne un commandement nouveau : Aimez-vous les uns les autres ; comme je vous ai aimés, vous aussi, aimez-vous les uns les autres. À ceci tous connaîtront que vous êtes mes disciples, si vous avez de l'amour les uns pour les autres » (Jn 13.34,35). Nous donnons donc notre vie pour notre prochain, puis nous luttons ensemble pour la liberté de l'obéissance. En agissant ainsi, nous manifestons l'amour de Christ au monde et nous incitons les nations à la louange.

RESSOURCES SUPPLÉMENTAIRES

1. Mon livre *Church Discipline: How the Church Protects the Name of Jesus* (*La discipline d'Église : comment l'Église protège le nom de Jésus*, trad. libre, Crossway, 2012) complète bien le présent ouvrage. Il explique comment aborder les différents scénarios qui peuvent exiger la discipline. Il développe le contenu du chapitre 7.

2. Un traitement biblique et théologique plus approfondi des sujets de ce livre se trouve dans mon livre *The Church and the Surprising Offense of God's Love: Reintroducing the Doctrines of Church Membership and Discipline* (*L'Église et l'amour choquant de Dieu : présenter de nouveau les doctrines de l'adhésion à l'Église locale et de la discipline d'Église*, trad. libre, Crossway, 2010).

3. Thabiti Anyabwile offre une magnifique méditation sur la façon de mettre à profit l'adhésion à l'Église locale, dans son livre *What is a Healthy Church Member?* (*Les caractéristiques d'un membre en bonne santé dans l'Église*, trad. libre, Crossway, 2008).

4. Pour savoir ce qu'il faut rechercher dans une Église en bonne santé, veuillez vous reporter au livre de Mark Dever, *L'Église : un bilan de santé* (Cruciforme/Éditions Clé, 2014).

5. On peut consulter nombre d'articles, de comptes rendus de livres, d'interviews audio et de brèves séances de questions et réponses concernant l'adhésion à l'Église locale et la discipline d'Église sur le site www.9Marks.org.

REMERCIEMENTS

Une fois de plus, un grand merci à Mark Dever, à Matt Schmucker et à Ryan Townsend d'avoir soutenu ce travail. Bobby Jamieson a été le premier à lire le manuscrit et à me soumettre de bonnes suggestions. Merci, mes frères. Ces hommes, et le reste du personnel de 9Marks, font que j'adore mon travail.

Kendrick Kuo, Jeff Gearhart, Bill et Jane Englund, Robert Cline et Jeramie Rinne ont aussi lu le premier manuscrit et y ont apporté des améliorations. Je vous remercie beaucoup, mes amis.

Comme toujours, Shannon, ma merveilleuse épouse, m'a encouragé dans l'écriture de ce livre, dont nous avons souvent discuté. Je suis tellement reconnaissant pour toi, chérie.

Enfin, remercions tous Dieu parce qu'il a envoyé son Fils racheter une Église qui inclut des rebelles comme moi.

NOTES

Introduction : Un sujet bien plus critique qu'on ne le pense

1. N. D. É. : Dans ce livre, nous utiliserons l'expression « adhérer à l'Église locale » pour référer à l'engagement d'un chrétien à devenir un membre actif de son Église dans le but de s'y soumettre, de s'y réunir, de l'aimer et de la servir.

Chapitre 1 : Une mauvaise approche

1. Je ne ferais pas des deux éléments précédents une « exigence absolue » ; je suis d'avis que le baptême devrait *normalement* conduire à l'adhésion et que la sainte cène devrait *habituellement* être réservée aux membres de l'Église.

2. Cité dans Janet Coleman, *Against the State : Studies in Sedition and Rebellion* [Contre l'État : une étude de séditions et de rébellions], trad. libre, New York, Penguin, 1990, p. 37.

Chapitre 3 : Qu'est-ce qu'une Église ? Qu'est-ce qu'un membre d'Église ?

1. Edmund P. Clowney, *The Church: Contours of Christian Theology* [L'Église : survol de la théologie chrétienne], trad. libre, Downers Grove, Ill., InterVarsity, 1995, p. 40.

Chapitre 4 : À quoi ressemblent une Église et ses membres ?

1. Dave Barry, *Dave Barry Slept Here: A Sort of History of the United States* [Dave Barry a dormi ici : une histoire des États-Unis, en quelque sorte], trad. libre, New York, Ballantine, 1997, p. 149.

2. T. S. Eliot, « The Waste Land », dans *Collected Poems 1909-1962*, Boston, Faber & Faber, 1963, p. 63. (Voir la traduction française : *La Terre vaine et autres poèmes*, Paris, Points, 2014, 256 p.)

3. W. B. Yeats, « He wishes for the Cloths of Heaven » [Il voudrait avoir les voiles du ciel], *William Butler Yeats Selected Poems and Three Plays*, 3ᵉ éd., M. L. Rosenthal, éd., New York, Collier, 1986, p. 27.

Chapitre 7 : Que se passe-t-il lorsque des membres ne représentent pas Christ ?

1. David Gergen, « It's Not Can We, but Will We ? » [Ce n'est pas tant une question de pouvoir que de vouloir], *U.S. News & World Report*, 24 septembre 2001, p. 60.

INDEX DES RÉFÉRENCES BIBLIQUES

Index des références bibliques

Index des références bibliques

À PROPOS DU MINISTÈRE DE 9MARKS

Le ministère de 9Marks existe pour donner une vision biblique et des ressources pratiques aux dirigeants d'Église dans le but de manifester la gloire de Dieu aux nations par l'entremise d'Églises en bonne santé.

Une Église ressemblera à Christ dans la mesure où elle écoutera ses enseignements. À cette fin, le ministère 9Marks désire aider les croyants à identifier les neuf traits essentiels d'une Église en bonne santé :

- une prédication qui expose toute la Bible de manière systématique ;

- une théologie biblique ;

- une compréhension biblique de l'Évangile ;

- une compréhension biblique de la conversion ;

- une compréhension biblique de l'évangélisation ;

- une compréhension biblique de ce qu'est un membre de l'Église ;

- une compréhension biblique de la discipline dans l'Église ;

- une compréhension biblique de l'encadrement des disciples ;
- une compréhension biblique de la direction d'une Église.

Vous pouvez vous renseigner davantage sur ce ministère en visitant le *www.9Marks.org*.

À PROPOS D'ÉVANGILE 21

Évangile 21 rassemble des pasteurs et des responsables chrétiens profondément décidés à renouveler leur foi dans l'Évangile du Christ et à repenser concrètement leurs pratiques et leurs ministères en vue de les conformer aux Écritures.

NOUS VOULONS :

- *apporter* réconfort, encouragement et enseignement aux responsables de l'Église d'aujourd'hui et de demain afin qu'ils soient mieux équipés pour nourrir leurs ministères de principes et de pratiques qui glorifient le Sauveur et procurent du bien à ceux pour lesquels il a versé son sang.

- *défendre* cet Évangile avec clarté, compassion, courage et joie, unissant joyeusement notre cœur à celui des autres croyants par-delà les barrières confessionnelles, ethniques et sociales.

- *promouvoir* dans l'Église un élan unificateur, un zèle pour honorer le Christ et multiplier le nombre de ses disciples, les rassemblant autour de Jésus au sein d'un mouvement authentique et dynamique. Une telle mission, fondée sur la Bible et centrée sur la personne de Christ, est le seul avenir viable pour l'Église.

- *servir* l'Église que nous aimons en invitant tous nos frères et sœurs à se joindre à nous dans cet effort refondateur de l'Église contemporaine sur la base de l'Évangile historique de Jésus-Christ, de sorte que notre vie et nos discours soient pleinement authentiques et intelligibles pour les gens de notre époque.

- *travailler* ardemment avec tous ceux qui acceptent la Confession de foi (disponible sur le site Internet), et soumettent l'ensemble de leur vie à la seigneurie du Christ, avec une confiance inébranlable dans la puissance de l'Esprit pour transformer les personnes, les peuples et les cultures.

LES MOYENS D'ACTION

Évangile 21 se veut un lieu de ressources centré sur l'Évangile pour les pasteurs et les responsables chrétiens. Nous agissons à travers :

- des séminaires une fois tous les deux ans
- un site Internet avec des articles, des prédications textuelles, des blogs, des recensions de livres, la rubrique Femmes de la Parole, etc. : evangile21.com
- la publication d'ouvrages de référence
- un catéchisme pour adultes et enfants
- des formations spécialisées par Internet

- un site Internet pour les jeunes chrétiens : larebellution.com
- un site Internet avec des chants de louange riches en théologie, en musicalité et en poésie : hymnes21.org